Un Dieu pour le bonheur

Pierre Prud'homme

Un Dieu
pour le bonheur

CARTE BLANCHE

Éditions Carte blanche
1209, avenue Bernard
bureau 200
Outremont (Québec)
H2V 1V7
Tél. : (514) 276-1298
Fax : (514) 276-1349
carteblanche@vl.videotron.ca

Distribution au Canada
FIDES
165, rue Deslauriers
Saint-Laurent (Québec)
H4N 2S4
Tél. : (514) 745-4290
Fax : (514) 745-4299

À mes enfants,

Pascal
Véronique
Myriam
Gabrielle

En espérant qu'ils trouvent ici
de quoi libérer les questions
qu'ils portent sur le sens
de la vie et sur Dieu.

Mes remerciements

À Manuela, ma compagne, qui a cru en la nécessité et en la pertinence de cette réflexion, et qui m'a soutenu tout au long de la rédaction de ce livre.

À Claude Hardy, cet ami capucin qui nous a quittés trop tôt, et dont les commentaires ont dégagé les sentiers de ma réflexion.

À Aliette Poirier et Jean Vaugeois dont les encouragements, après la lecture des deux premiers chapitres, m'ont stimulé à aller au bout de ce projet.

À tous ceux et celles qui, sans que je soupçonne leur intérêt pour le sujet, me demandaient «des nouvelles de mon livre».

À vous tous, gens des quartiers populaires et des groupes communautaires, qui alimentez ma passion de vivre.

Avant-propos

« La foi en Dieu, c'est pour
les faibles, c'est une béquille ! »

LORSQUE MON FILS, âgé de 19 ans à l'époque, m'a lancé
ce verdict sur Dieu, légèrement froissé, j'ai simulé une
certaine indifférence en lui relançant à mon tour : « Dans
la mesure où le monde se partage entre les faibles et ceux
qui se croient forts, tu as probablement raison. » Devant ce
que je percevais comme une bravade d'un jeune qui aime
provoquer, je considérais m'en être sorti dignement. Et
pourtant !

Plus j'y pensais et plus je trouvais qu'il y avait dans sa
remarque quelque chose de fondamental au niveau de
l'expérience de foi. Cette sorte de cri du cœur qui refuse
un Dieu qui ne s'offrirait à nous que lorsque nos genoux
fléchissent, lorsque nous avons les épaules collées au plan-
cher, lorsque nous sommes écrasés. Le refus d'un Dieu qui
prétendrait trouver sa raison d'être dans nos propres fragilités et qui profiterait de nos faiblesses pour s'immiscer
dans nos vies. Bref, le refus d'un Dieu qui exploiterait

l'absence de pouvoir et de contrôle que nous avons sur nos vies, pour mieux asseoir le sien au cœur de nos existences.

Derrière ce sursaut d'indignation, se profile quelque chose de profondément sain qui nous renvoie au cœur, justement, de la dignité humaine. Dieu, s'il existe, ou s'il doit exister, ne sera crédible que par sa détermination à servir la libération de la personne humaine sous toutes ses dimensions : politique, économique, sociale, culturelle et spirituelle. La dignité même de Dieu se reconnaîtra dans son dessein de servir résolument la promotion de la dignité humaine.

Voilà donc, en toile de fond, la source de ma motivation à écrire ce livre.

Depuis quelque temps, je me surprends à constater qu'au fur et à mesure que les années passent, ma foi au Dieu de Jésus-Christ a été une compagne fidèle et discrète qui a contribué à ajouter du mordant et de l'intensité à ma vie. Une compagne si discrète que, dans les temps de doutes et de silences, elle rimait plutôt avec absence.

Il y a des moments où elle m'apparaissait vraiment comme une béquille dont ma dignité de personne autonome et responsable exigeait que je me débarrasse. Sans en avoir honte, elle me gênait, suffisamment du moins pour que je cherche à m'en libérer. Tel un fil d'araignée dont on voudrait se débarrasser et qui s'obstine à coller à notre peau...

À d'autres moments, elle m'indifférait totalement, comme un vieux tableau ou une jolie plante qui agrémentent le quotidien, mais qu'on ne voit plus. Étant considérés comme allant de soi, comment alors les apprécier à leur juste valeur, et prendre conscience qu'en leur absence, la vie serait différente ?

À travers tous ces moments, secrètement, la foi fut au cœur de ma passion de vivre. En alimentant l'Espérance au quotidien, qui rendait possible la traversée des jours de tristesse et de désespoir ; en me poussant à être acteur de l'Histoire, elle a contribué à ajouter de la qualité et de la saveur à ma propre vie.

Je sentais le besoin de m'arrêter et de faire le point. Pour moi-même avant tout. Quel est l'essentiel de ma foi ? En quoi a-t-elle contribué, et contribue-t-elle encore à produire plus de vie et à ajouter de la qualité à ma vie ? Et surtout, quels sont mes mots pour la dire, de telle sorte qu'elle soit encore plus porteuse de sens ?

Tel un jardin de fleurs luxuriant qu'on tient trop souvent pour acquis tellement il habite notre quotidien, j'avais le goût de prendre le temps de l'examiner, cette fois, de me laisser surprendre par le jeu des formes, des couleurs et des odeurs, de m'émerveiller peut-être, et d'en prendre la juste mesure pour mieux apprécier le flux de vie qui m'est insufflé au cours des jours. Le temps de la contempler, de faire un clin d'œil à toutes les personnes qui l'habitent, et d'y prendre plaisir, tout simplement.

Une deuxième raison me poussait à écrire. Trop souvent, lorsque j'entends les discours sur Dieu, sur Jésus-Christ et sur la foi, à travers les homélies et les cours de catéchèse ou d'enseignement religieux, j'ai de la difficulté à faire le lien avec la vie. La façon dont cet enseignement est donné, qui laisse peu de place aux questionnements et aux expériences personnelles ; le recours à un langage et à des notions ou des concepts théologiques qui n'ont pas toujours été adaptés aux réalités d'aujourd'hui ; des positions du magistère de l'Église qui témoignent de peu de compréhension des problèmes que certains vivent et, conséquemment, du peu d'empathie vis-à-vis de ceux-ci, constituent quelques-uns des facteurs expliquant, pour un grand nombre de personnes, le non-lieu du discours de la foi pour la quête de sens.

Je n'ai pas du tout la prétention de combler ces écarts. Mais parce qu'il s'agit de vie et de qualité de vie, parce que ma foi a été libératrice et qu'elle contribue à ma joie de vivre, j'avais le goût d'essayer d'être contagieux.

Contagieux auprès de mes enfants d'abord, et des jeunes de leur génération que je voyais grandir, avec leurs doutes, avec leurs questions et leurs colères face à ce qu'on leur enseignait. Malgré des efforts louables pour renouveler l'enseignement catéchétique, ils réagissaient fortement à ce qui, parfois, heurtait leur intelligence. Je reviendrai plus loin sur une interprétation d'un texte biblique sur Abraham, qui risque de faire fuir plutôt que d'être facteur de sens.

Parmi mes raisons d'écrire se profile ma volonté de transmettre à mes enfants l'essentiel de mon expérience de foi, tout simplement parce qu'elle m'a aidé non seulement à vivre, mais à vivre passionnément. Tant mieux s'ils y trouvent de quoi alimenter leur propre passion de vivre.

Je ne cache pas non plus souhaiter trouver les mots justes pour rejoindre les jeunes, que j'aime, justement parce qu'ils sont habités de l'ardeur de ce monde à refaire. Non pas des mots qui se présentent comme des réponses de quelqu'un qui prétendrait savoir, mais plutôt comme des réflexions qui libèrent leurs propres questions de sens face à la vie, et qui, par le fait même, contribuent à ajouter de l'intensité à leur propre vie.

Loin de moi l'idée de faire du prosélytisme et de cher-cher à faire des adeptes. Ceux qui me connaissent savent ma discrétion au sujet de ma foi, et mon malaise devant tous ces « preachers » qui cherchent d'abord à convertir plutôt qu'à promouvoir la quête de sens et la libération de l'être humain. Mais justement parce qu'il s'agit là avant tout d'une quête de sens, à laquelle personne ne peut se dérober, et sans laquelle l'accès au bonheur risque d'être interdit, je trouvais important d'y participer.

Enfin, j'ai été interpellé aussi par tous ces gens rencontrés, qui ne trouvent pas de lieux où les questions de sens peuvent être discutées ouvertement. Dans notre société qui prône l'autonomie, la performance, l'excellence, Dieu n'est pas à la mode. Soit qu'on craigne d'être récupéré ou endoctriné lorsqu'on aborde le sujet, soit qu'on ait la perception que Dieu n'est que ce bâton de pèlerin sur lequel s'appuient toutes ces bonnes gens incapables d'assumer leur existence par elles-mêmes. De part et d'autre, le malaise est perceptible, et fait que la question de Dieu ne s'aborde pas librement, n'importe où et n'importe quand. On choisit bien les gens avec qui l'on veut traiter du sujet, et les endroits pour ce faire, autres que les églises, se doivent d'être discrets.

Parmi ces quêteurs de sens, les uns sont encore prisonniers des apprentissages, des formalités et des dogmatismes de jeunesse, tout en ressentant à l'intérieur d'eux-mêmes un vif désir d'y voir un peu plus clair. D'autres, souvent plus jeunes, sans avoir été blessés par l'héritage du passé, mais réagissant quand même assez fortement à ce qu'on leur a enseigné, souhaiteraient aussi accorder du temps à leur quête de sens, et chercher à voir comment Jésus de Nazareth, qui leur est quand même assez sympathique, pourrait éclairer leur vie.

De part et d'autre, ces gens ont en commun de ne pas voir dans les institutions ecclésiales des lieux qui dégageraient suffisamment d'espace pour que leurs questions et leurs expériences de vie soient accueillies en toute liberté et fassent partie d'une quête commune de sens. Et alors, pour ces gens, où sont donc les lieux propices à ce genre de questionnement et de partage?

Ce livre voudrait être un de ces lieux. Un lieu où il m'est possible de partager avec le lecteur ou la lectrice mes convictions et mes propres questions sur Dieu, et plus spécifiquement sur le Dieu de Jésus-Christ qu'on nous a transmis.

Que cela soit clair entre nous. Nous partons tous d'un même constat de départ. L'existence ou la non-existence de Dieu ne se prouve pas et ne se démontre pas, tel que pourrait le faire une expérience scientifique. Cette observation devrait déjà nous protéger de la tentation d'un pouvoir sur Dieu et de la prétention d'avoir nécessairement raison.

Ma préoccupation est celle de savoir si une relation avec Dieu peut servir l'épanouissement et la liberté de la personne humaine. Une telle relation peut-elle ajouter de l'intensité à la vie? Et si oui, à quelles conditions?

Ce livre n'a pas d'autre prétention que celle d'allumer et d'alimenter la passion de vivre. Et pour ce faire, s'il peut contribuer à légitimer les questions de sens, s'il peut participer à libérer la parole lorsqu'il est question de Dieu, et surtout s'il peut contribuer à faire découvrir un Dieu qui soit au service des hommes et des femmes, plutôt qu'un Dieu à servir, son but sera atteint.

1

Une quête de sens

L A FORMATION RELIGIEUSE que nous avons reçue dès notre plus tendre enfance était beaucoup plus préoccupée à nous transmettre des connaissances sur le Dieu de Jésus-Christ, ou sur Jésus-Christ lui-même, que de nous apprendre à écouter les questions qui nous habitent, à les apprivoiser, et à voir ensuite comment Dieu peut constituer un élément de réponse crédible à ces questions.

On nous a enseigné à apprendre que Dieu existe, qu'Il possède la vérité sur le sens de l'histoire et de l'humanité, qu'Il est le Seigneur de l'histoire, que notre bonheur se situe dans le service de Dieu, qu'il y a des hommes et des femmes de Dieu choisis par Lui pour nous parler de Lui et de ce qu'Il attend de nous. Mais où étaient les lieux pour questionner les origines, le bien-fondé ou les implications de telles affirmations ? À l'heure où notre culture favorise la prise de parole, la participation, la référence à notre conscience pour juger ce qui fait sens ou non, faut-il s'étonner alors que plusieurs de nos contemporains ne perçoivent plus qu'une relation à Dieu puisse contribuer à leur bonheur?

Nous ayant été présenté comme étant Premier, comme ayant son entité propre avec sa liberté, sa volonté, ses projets, son histoire, et jusqu'à ses propres façons dont Il voudrait qu'on entre en relation avec Lui, Dieu était nécessairement perçu comme un Être extérieur à nous dont il nous fallait prendre connaissance. D'où la nécessité d'avoir des cours de catéchèse et d'enseignement religieux pour transmettre ce bagage de connaissances.

Tout cela n'est pas faux ni inutile. Loin de là. Il y aura toujours un corpus de connaissances à transmettre. Mais en priorisant cette façon de procéder, comme on le ferait pour l'apprentissage de règles grammaticales ou de données mathématiques, souvent sans lien avec l'expérience humaine, ne se prive-t-on pas d'éléments fondamentaux d'une expérience de foi qui soit au service de l'humanité?

La quête de Dieu : d'abord une question de sens

Il me semble que ce qui doit nous préoccuper en premier lieu, ce n'est pas Dieu. S'Il existe, Il saura bien s'occuper de Lui-même. Ce qui est premier pour nous, ce sont des femmes, des hommes, des enfants en quête de bonheur et de liberté. C'est cela qui doit habiter nos préoccupations : une humanité libre et heureuse. Ce n'est pas Dieu en Lui-même et pour Lui-même.

La question fondamentale qui se pose alors est de savoir si un Dieu peut servir la quête d'un tel bonheur et d'une telle liberté. S'Il ne le peut pas, Il n'a aucune pertinence, et nous n'avons plus aucune raison de nous y attarder.

Mais s'Il le peut, la soif de bonheur et de liberté qui nous habite nous pousse à explorer toutes les sources qui pourraient l'assouvir, dont celle de Dieu. Nous avons alors la responsabilité d'esquisser les traits d'un Dieu qui se fasse serviteur d'une telle liberté. Responsabilité d'autant plus grande que l'Histoire est imbue d'hommes et de femmes, d'hommes surtout, qui se sont trop souvent servis de Dieu pour produire de la misère, pour écraser et opprimer des peuples, pour semer la mort sur leur passage, et pour asseoir leur propre pouvoir.

Affirmer que ce qui est premier, ce sont les hommes, les femmes et les enfants en quête de bonheur et de liberté ; prétendre que la pertinence de Dieu se campe dans le service de ce bonheur et de cette liberté, cela a des implications bien concrètes. Dont la première est de reconnaître que Dieu vient justement en un temps second, comme un des aboutissements possibles d'une démarche de quête de sens.

Il est faux de prétendre que les premiers hommes et les premières femmes avaient un contact direct avec un Être supérieur appelé Yahvé, Dieu ou Allah, qui existerait par Lui-même depuis les origines, qui posséderait la vérité sur l'humanité, qui dicterait aux pauvres humains ce qui est bon pour eux, et qui leur aurait tracé la voie du bonheur.

La notion de Dieu est apparue comme une réponse que se sont donnée des hommes et des femmes pour comprendre le pourquoi de leur passage sur cette terre. Ce besoin de comprendre est du même ordre que celui de manger et de boire. Il est vital.

Or dès que l'intelligence est apparue, les êtres qui composent l'humanité ont dû chercher une explication aux événements naturels dont ils ne comprenaient pas les causes, ou au sens que pouvait avoir leur court passage sur cette terre. C'est ainsi qu'on a créé des divinités en leur donnant des noms, en les personnifiant, et en leur transposant des intentions, des sentiments, des valeurs. Ainsi donc, le tonnerre, les éclairs, les tempêtes, les catastrophes naturelles, les astres avaient toujours leur raison d'être ou leur fonction.

Ces hommes et ces femmes ont dû aussi chercher sens et cohérence à une vie remplie de paradoxes que sont la mort et la vie, la haine et l'amour, la peine et la joie, la guerre et la paix, la souffrance et le plaisir, la lâcheté et le courage, l'iniquité et la justice. Ce qui est premier, ce sont donc ces questions de sens. Les divinités et Dieu sont apparus dans un deuxième temps, comme des réponses que les humains se sont données aux questions qu'ils portaient.

Toutes les religions ont fait appel à des récits extraordinaires ou surnaturels pour expliquer l'importance d'un événement ou d'une expérience religieuse. La religion chrétienne n'a pas été dispensée d'un tel recours. Fondamentalement, il s'agissait toujours d'hommes et de femmes faisant l'expérience qu'une relation à des divinités pouvait non seulement contribuer à apaiser les angoisses de l'existence, mais que cela répondait à une inspiration intérieure vitale.

Au fur et à mesure que l'Histoire se faisait, la réflexion des hommes et des femmes sur leur expérience avec le divin ainsi qu'une meilleure connaissance des lois naturelles du monde dans lequel ils vivaient ont permis qu'évolue leur conception de Dieu. En mettant en commun leurs questions, leurs recherches et leurs intuitions, ils en sont venus à dessiner les traits d'une Présence et à déduire ce qui pourrait l'identifier dans son Être même.

Et cette évolution se constate à l'intérieur même des traditions religieuses. Si l'on prend comme exemple les religions juives et chrétiennes, elles sont le fruit d'un processus où la foi des gens en plusieurs divinités est passée à la foi en un seul Dieu. Le Dieu « achetable » par des sacrifices a laissé la place à un Dieu qui se plaisait dans un code de conduite respectueux des personnes et de leurs droits. Le Dieu de l'amour et du pardon a remplacé le Dieu légaliste et le Dieu vengeur. Le Dieu du Temple se rencontrait désormais à l'intérieur même des personnes.

Pourtant, il s'agissait toujours du même Dieu. On le voit bien, la conception de Dieu évolue selon les époques et les cultures. Ce sont les hommes et les femmes qui, en quête de sens en leur temps, ont toujours été les artisans d'une conception de Dieu qui donne sens à leur vie et qui contribue à leur bonheur. Et cela ne sera pas différent pour nous aujourd'hui. La connaissance ou la perception de Dieu que nous avons est influencée par celle des êtres humains qui nous ont précédés dans l'histoire, et par celle de ceux avec qui nous vivons.

Nous n'accepterons que Dieu entre dans nos vies que dans la mesure où il contribue à y donner un sens, et qu'Il nous aide à vivre. Voilà, il me semble, le premier lieu de la pertinence de Dieu comme service de la liberté et du bonheur humains. Un Dieu qui ne s'impose pas, mais qui se rend disponible à la liberté humaine pour la servir. Un Dieu qui va même jusqu'à remettre l'avenir de son existence dans les mains des hommes et des femmes qui, dans leur quête d'humanisation, décideront de Le faire vivre ou non, s'ils jugent qu'Il peut y jouer ou non un rôle libérateur.

Bref, un Dieu qui, paradoxalement, s'Il veut vraiment servir la liberté humaine, ne peut faire autrement que de

Se mettre à la remorque de cette liberté, en laissant les hommes et les femmes entièrement libres de décider d'entrer ou non en relation avec Lui.

Toute parole de Dieu et sur Dieu est nécessairement une parole humaine

Situer la pertinence de Dieu dans le sillage d'une quête de sens dont les humains sont les acteurs ayant la liberté d'y apporter les réponses qui leur apparaissent les plus signifiantes, cela nous invite à un deuxième constat dont il me semble qu'on sous-évalue les implications.

Depuis notre plus tendre enfance, nous avons tous entendu parler de Dieu un jour ou l'autre. Il n'était pas rare même que les personnes qui s'exprimaient sur Dieu faisaient parler Dieu Lui-même.

« Dieu a dit cela », « Dieu nous demande cela », « Voilà ce que Dieu veut ou attend de nous ». Le ton était si affirmatif, et il y avait si peu de place pour les questions ou le doute, que peu d'entre nous n'ont osé manifester publiquement leurs réserves, leurs interrogations ou leur désaccord face à ce qu'on nous enseignait.

Et parmi ceux et celles qui se sont risqués à exprimer leurs questions et leurs doutes, plusieurs recevaient, dans le meilleur des cas, des réponses insatisfaisantes, ou se faisaient servir des remarques chargées d'émotion ou d'agressivité qui venaient rappeler l'irrecevabilité de ces questions. Comme si celles-ci venaient menacer la fragile cohérence du contenu de foi à transmettre.

Et pourtant, ces questions demeurent non seulement pertinentes mais nécessaires. Sur quoi se base-t-on pour dire que Dieu veut vraiment cela plutôt qu'autre chose ?

Sur quels critères ou événements se fonde-t-on pour affirmer cela ? Qui a défini ces critères ou déterminé les événements sur lesquels s'appuyer pour asseoir de telles affirmations ? Dieu a-t-il déjà fait part de sa volonté directement aux humains ?

Ces questions ne sont-elles pas l'occasion pour nous de nous rappeler et de prendre conscience que toute parole de Dieu et sur Dieu est nécessairement une parole humaine ? Que les mots qui ont été et qui sont encore mis dans la bouche de Dieu sont d'abord et avant tout des paroles d'hommes et de femmes à la suite d'expériences de Dieu vécues dans un contexte historique déterminé, dans une époque et une culture bien précises. C'est toujours un homme ou une femme qui dit que Dieu a dit cela ou que Sa volonté est celle-ci.

Par conséquent, les discours sur Dieu sont toujours influencés par les conditions économiques, politiques, sociales et culturelles de l'époque et du lieu de la personne qui les a prononcés. En ce sens, toute parole sur Dieu n'a pas toujours la même valeur. Ce qui était valable et recevable à une époque ne l'est pas nécessairement à une autre. Tout comme la perception de Dieu d'un roi, d'un grand prêtre, d'un dirigeant risque de diverger de celle de gens qui ont peu de pouvoir sur leur vie.

Mais certains s'objecteront et rappelleront qu'il y a tout de même la Bible par laquelle « Dieu a parlé ».

Mais encore là, la Bible est essentiellement un produit humain. Ce sont des hommes et des femmes qui y ont écrit les textes qui s'y trouvent, et qui font part de leur expérience de Dieu dans le contexte historique et culturel qui était le leur. Ces sont les Israéliens et Israéliennes qui, parmi un ensemble de textes, ont choisi et retenu ceux qui allaient composer l'Ancien Testament et qui leur semblaient exprimer le mieux l'histoire de la relation avec leur Dieu qu'ils appelaient alors Yahvé.

Ce sont aussi des chrétiens et des chrétiennes qui, lors d'un Concile tenu au IVe siècle, ont choisi les textes qui rassemblaient l'essentiel de leur expérience de foi et qui allaient composer le Nouveau Testament. C'est ainsi qu'est née la Bible, ce livre qui témoigne de la perception que des milliers d'hommes et de femmes avaient de leur relation avec Dieu, et cela, durant une période qui couvrait plusieurs siècles.

Tout au long de ces textes d'ailleurs, on peut voir l'évolution de la perception que ces hommes et femmes avaient de Dieu. La Bible n'est pas monolithique. Parce qu'elle est le produit de gens ayant vécu à différentes époques, elle reflète les perceptions qu'on avait de Dieu à ces époques. De plus, les textes bibliques portent la marque de la fonction sociale de leurs auteurs. Le berger Amos aura des sensibilités différentes du prêtre Ézéchiel pour parler de Dieu. Il en est de même des évangélistes Luc ou Marc.

Mais, s'exclamera-t-on, il y a tout de même Jésus-Christ qui est Dieu et qui nous a transmis son message à travers la Bible !

Je m'attarderai plus loin sur Jésus. Mais il me semble important ici de rappeler certains faits. Il est vrai que la tradition chrétienne a présenté Jésus de Nazareth comme pleinement homme et pleinement Dieu. L'Église a même présenté le dogme de la Sainte Trinité : le Père, le Fils et le Saint-Esprit comme étant le Dieu « en trois personnes » qui fait l'objet de sa foi. Les personnes de moins de trente ans ont probablement rarement entendu parler de la Trinité. Mais ce dogme a cristallisé et soutenu pendant plusieurs siècles la croyance populaire des chrétiens et chrétiennes au fait que Jésus était Dieu. Cela fait d'ailleurs encore partie des dogmes de foi importants de l'Église.

Honnêtement, je ne sais pas si Jésus était Dieu. Tout simplement parce que je ne sais même pas ce que c'est qu'être Dieu. Je suis totalement ignorant de ce qui définit l'essence même de Dieu. Et je serais profondément sceptique devant celui ou celle qui prétendrait la connaître. De plus, je prends acte que dans l'histoire, les chrétiens et les chrétiennes n'ont pas été les premiers ni les seuls humains à attribuer à leur chef spirituel des qualités, des facultés ou des pouvoirs qui dépassent les nôtres, et qui sont présentés comme étant de l'ordre du divin. L'éventuelle divinité de Jésus est une affaire de foi et, comme toute question de foi, elle doit d'abord servir la vie. Pour ma part, avant de réfléchir sur la divinité de Jésus, il m'apparaît prioritaire de prendre d'abord toute la mesure de son humanité.

Et pour cela, ce qui m'importe au plus haut point, c'est que la tradition chrétienne présente Jésus de Nazareth comme homme à part entière, pleinement humain. Alors là, nous avons tous une petite idée de ce que ça peut vouloir dire. Né d'un père et d'une mère comme nous, en un espace géographique déterminé et dans un contexte historique, politique et culturel bien précis; habité par les paradoxes décrits plus hauts qui sont les nôtres, il lui a aussi fallu donner cohérence et sens à son existence.

En proie à la souffrance, à l'angoisse et à la haine, ou en quête de bonheur, d'amour, de joie et de paix, il lui a fallu, dans l'espace culturel qui était le sien, prendre la mesure de l'héritage religieux reçu pour établir sa propre perception de Dieu et son mode de relations avec Lui. Tout cela en fonction de ce qui lui faisait sens et de ce qui le faisait vivre. Les multiples passages bibliques qui rappellent le temps que Jésus passait à discuter, à échanger, à enseigner dans le Temple avec les docteurs de la Loi en font foi. Il questionnait et il était questionné.

Il n'est pas vrai que le rapport à Dieu aurait été plus facile pour Jésus de Nazareth supposément parce qu'un rapport Père-Fils aurait préexisté avant sa naissance. Ou alors qu'on cesse de nous faire croire qu'il était pleinement homme. Comme tous les humains avant lui, et avec ceux de son temps, dans une quête commune de sens, il s'efforçait de donner cohérence et signification à sa vie.

Si Jésus de Nazareth a parlé de Dieu en terme de Père, c'est essentiellement parce qu'il trouvait que, dans l'éventail des expériences humaines, l'expérience parentale, nécessairement lourde de ses limites, était celle qui lui semblait exprimer le mieux la grande tendresse amoureuse qu'il ressentait dans son rapport à Dieu. Dans une société de culture matriarcale, il aurait sûrement donné à Dieu le nom de Mère.

Et ce rapport Père-Fils ne le concernait pas de façon spécifique ou privilégiée, il ne se l'appropriait pas de façon exclusive. Selon lui, cela faisait sens et pouvait être libérateur, pour lui d'abord, mais pour les hommes et les femmes eux-mêmes ensuite. Il faisait l'expérience que si ceux-ci découvraient qu'ils peuvaient entrer en relation avec un Dieu comme fils et filles aimés sans condition par Lui, cela changerait les rapports entre eux.

La prière qu'il nous a laissée, le *Notre Père*, témoigne par elle-même du statut que Jésus accordait à sa relation avec le Père. Sa prière n'est pas *Mon Père* mais *Notre Père*. Dans son rapport à Dieu, en tant qu'humain parmi les humains, il se considère sur un pied d'égalité avec tous les êtres humains. Il est l'un des fils et des filles de Dieu.

Il nous faut donc reconnaître que même la parole de Jésus de Nazareth sur Dieu est avant tout une parole humaine, fruit de son héritage culturel et religieux, de son expérience personnelle et de sa quête de sens. Affirmer cela ne va pas à l'encontre de Jésus. Il ne ménageait pas ses efforts pour se démarquer du Père et pour ralentir les élans de ses contemporains qui cherchaient à l'aduler ou à lui attribuer des pouvoirs ou des qualités qui ne relèvent pas des humains.

Pourquoi s'attarder ainsi sur l'affirmation que toute parole sur Dieu est une parole humaine ? Parce qu'elle me semble une prémisse fondamentale à la pertinence de Dieu pour aujourd'hui. Une telle affirmation peut sembler évidente pour les uns. Les implications qu'elle contient le sont peut-être moins, et pourtant, elles peuvent être libératrices pour les humains que nous sommes.

Des questions légitimes à libérer

Reconnaître que la question de Dieu vient en réponse aux questions de sens de l'humanité, et que, par conséquent, toute parole sur Dieu est une parole humaine, cela nous amène à reconnaître que toutes les questions et tous les doutes sur Dieu sont pleinement légitimes et font partie de la quête de sens. Voilà donc pourquoi, plutôt que de chercher à les étouffer ou à les faire taire, il nous faut les revaloriser et les promouvoir.

Parce qu'il y a quelque chose de profondément *vital* dans la quête de sens, l'accueil, l'écoute et le partage des questions relèvent de l'accueil de la personne elle-même.

Lorsque l'on connaît le peu de place pour le doute ou pour la remise en question de ce qui nous était enseigné lors des homélies paroissiales ou lors des cours d'enseignement religieux au Québec, il ne faut donc pas s'étonner de la distance qu'ont pris la majorité de nos contemporains face au message catholique, malgré la culture chrétienne au sein de laquelle ils ont grandi et ont été formés.

En effet, préoccupés que nous étions à transmettre un contenu de foi, sans d'abord avoir entendu les questions que les gens portaient, il était encore moins approprié d'accueillir les interrogations soulevées par ce contenu lui-même.

Plus que la non-crédibilité du message, les réponses n'ayant pas toujours rapport aux questions, ce qui blessait, c'était le sentiment de rejet provoqué par le refus d'accueillir et d'entendre les interrogations soulevées par une expérience aussi fondamentale que la quête de sens. Qui ne s'est pas déjà fait répondre quelque chose comme : « Si tu avais la foi, tu comprendrais », ou « Si tu étais plus humble et moins orgueilleux, tu accepterais le message de l'Église » ; et qui ne s'est fait accueillir par le rappel d'un dogme ou de la tradition de l'Église ?

L'art non seulement de faire taire, mais de rendre *non-signifiant* et de banaliser ce qui se situe au cœur de la vie : les questions de sens. C'est ce qui explique peut-être l'ampleur de la blessure face à l'Église, et le temps mis à en cicatriser.

Une vie sans sens ne vaut pas la peine d'être vécue. Voilà pourquoi les questions de sens sont beaucoup trop importantes pour être évacuées du revers de la main.

Il y va de la vie spirituelle comme de la vie affective, intellectuelle ou physique. À tous ces niveaux, la faim demeure la faim. Or lorsqu'elle est prolongée, la privation engendre des carences qui affectent nécessairement le développement de la personne. Si celle-ci ne trouve pas réponse à ses besoins et à ses désirs, elle ira chercher ailleurs.

La pertinence de Dieu pour aujourd'hui implique donc la reconnaissance de cette quête de sens inhérente et commune à toute vie humaine. Notre première adhésion doit se porter vers ceux et celles qui acceptent de chercher et de se questionner. Non pas tant pour leur apporter les réponses que nous nous sommes forgées que pour partager les questions que nous portons tous.

D'ailleurs, dans cette quête de vérité, et plusieurs pourront en témoigner, la découverte de la bonne question risque d'être beaucoup plus libératrice que la réponse aux interrogations soulevées.

En ce sens, c'est ce partage de questions et de doutes qui nous permet d'approfondir notre propre quête de vérité et qui risque d'être plus libérateur et plus pacifiant pour nous.

Contre la tentation du monopole de la vérité sur Dieu

La promotion et la revalorisation des questions n'a pas comme seul avantage d'établir les conditions favorables aux discussions et aux débats. Elle pose comme préalable le fait que nous n'avons pas le monopole de la vérité sur Dieu. Soupçonne-t-on qu'une telle reconnaissance a des chances de nous protéger contre la tentation du dogmatisme et de l'intégrisme, basés tous deux sur un phénomène d'exclusion, en écartant ceux et celles qui osent questionner les réponses que nous nous sommes forgées ?

Les questions de sens sont des questions de vie. Rien de moins. Prétendre chercher à me protéger des questions qui pourraient m'être adressées de peur qu'elles menacent les réponses que je me suis déjà données, c'est d'abord me fermer à l'accueil d'autres personnes assoiffées de vie, et c'est ensuite me priver moi-même d'éventuels chemins de libération qui ajouteraient de la saveur à ma propre vie.

Un Dieu qui se laisse découvrir dans l'histoire

Un jour, ma fille Véronique, âgée alors de 13 ans, rentre de l'école en s'exclamant : « Abraham, c't' un con ! » La prof de catéchèse l'avait présenté comme un symbole de l'obéissance servile à un Dieu qui demandait qu'on lui sacrifie tous les fils premiers-nés. Et Véronique de rajouter avec humeur : « Et Dieu est encore plus con de demander de tuer son enfant. »

On se rappellera que dans le livre de la Genèse, chapitre 22, Dieu ordonne à Abraham de sacrifier son fils unique pour le mettre à l'épreuve et pour vérifier s'il est prêt à suivre tous ses commandements. Le texte est cru, pour ne pas dire cruel. Après avoir préparé l'autel et le bois, et ligoté son fils Isaac, Abraham « saisit alors le couteau pour égorger son fils ». Dieu l'appela alors pour lui demander d'épargner son fils.

Pour Véronique, je voulais garder ouvert l'accès aux textes bibliques comme lieu pertinent de quête de sens, et je l'avais invitée à faire la lecture suivante de l'événement. Si l'on conçoit que Dieu a choisi de se laisser découvrir dans l'histoire par l'humanité, serait-il possible qu'à une époque précise où Dieu était perçu comme un Être supérieur qu'il fallait attendrir par des sacrifices, Abraham représente la personne qui, avec d'autres, fait l'expérience d'un Dieu bon, et que, par conséquent, un tel Dieu ne peut exiger le sacrifice et le meurtre de son enfant ? Se peut-il même qu'au contraire ce Dieu lui interdise de tuer son enfant, puisqu'il est, dans son essence même, un Dieu de vie ? D'où l'expérience d'un Dieu qui immobilise le bras d'Abraham ! Et Véronique de s'exclamer : « Oui, mais c'est pas du tout la même chose ! »

Dans la tête d'une jeune fille, où le sentiment de justice est à fleur de peau, et où la solidarité première va nécessairement à l'enfant qui va se faire massacrer, une telle interprétation de ce passage biblique non seulement n'a pas de sens, mais elle choque. Elle ne contribue certainement pas à esquisser une image de Dieu qui donne le goût de s'y attarder, ou qui soit assez crédible pour y accorder de l'importance. C'est ainsi que des portes se referment sur des avenues qui auraient pu être prometteuses de sens.

Dans notre réflexion sur Dieu, ce texte me semble très précieux. Ce témoignage d'Abraham nous démontre qu'il s'est vécu une expérience importante qui questionnait la conception que l'humanité se faisait de Dieu à cette époque. Abraham représente ce moment dans l'histoire où l'humanité refuse un Dieu qui exigerait le sacrifice de ses enfants.

Toujours est-il qu'Abraham a fait l'expérience religieuse d'un Dieu qui, s'Il existe, se doit d'être au service de la vie et des espoirs des hommes et des femmes, et que, par conséquent, le meurtre de leurs enfants ne peut être commandé par un tel Dieu. Cette prise de conscience changera la conception qu'on se faisait de Dieu à l'époque et, nécessairement, engendrera un autre discours sur Dieu.

La très grande fragilité de Dieu

Convenir que toute parole sur Dieu est une parole humaine nous entraîne nécessairement vers une autre constatation. Cela nous oblige à confesser la grande fragilité, la très grande fragilité même d'un Dieu qui a pris le risque de se laisser découvrir à travers l'histoire.

Risque, parce qu'Il remet entièrement aux humains le soin de dévoiler petit à petit son visage, et de Le nommer, dans le langage qui est le leur, dans une culture et une époque qui sont les leurs. C'est pour cette raison que la notion de Dieu a évolué à travers l'histoire, et que cette évolution transparaît dans les textes bibliques.

Risque, parce qu'une fois nommé, Il abandonne totalement son Nom aux humains, les laissant entièrement libres de l'utilisation qu'ils en feront, même si cela devait les amener à Le défigurer totalement. L'histoire ne regorge-t-elle pas d'atrocités faites « en son Nom » ? Un Dieu qui se veut Dieu de vie et qui prend le risque d'être utilisé comme complice pour semer la mort... Risque ou folie ?

Risque, parce qu'Il a confié rien de moins que son avenir entre les mains des humains que nous sommes. En tant qu'être de relation se proposant à ces derniers comme pouvant contribuer à leur bonheur, Dieu aura de l'avenir dans la mesure où des hommes et des femmes, ayant choisi de Lui faire une place dans leur vie, et ayant vérifié et reconnu sa prétention à participer à leur bonheur, auront décidé eux-mêmes de sa pertinence, et en quelque sorte de Le faire vivre. Sans eux, Dieu ne peut prétendre avoir de l'avenir.

Risque, parce qu'Il a choisi de rendre les hommes et les femmes responsables de sa propre crédibilité. Ceux-ci auront eu beau trouver les mots les plus justes pour Le nommer, ils auront beau proclamer l'importance de la place qu'Il prend dans leur vie, si celle-ci n'est pas transformée dans le sens d'une plus grande intensité, d'une plus grande joie de vivre et d'un engagement plus radical à faire éclater toute vie qui cherche à émerger, ce Dieu ne sera pas « croyable ». La pertinence de Dieu, sa propre crédibilité, sera dans le service de la vie et de la passion de vivre, ou elle ne sera pas.

Le plein pouvoir de l'homme
sur l'avenir de Dieu

Risque, enfin, parce qu'à y regarder de plus près, ce sont les humains qui ont plein pouvoir sur Dieu, et non l'inverse. Ce sont eux qui décideront si Dieu a quelque chose de pertinent à dire sur le cours de leur vie et sur leur propre histoire, et s'Il peut être partie prenante de cette histoire. Affirmer un tel pouvoir sur Dieu, est-ce flirter avec le scandale, ou n'est-ce pas reconnaître tout simplement la réalité ?

Nous invoquons beaucoup dans nos prières le Dieu tout-puissant. Mais les massacres et les guerres du siècle qui vient de se terminer ont suffisamment démontré la totale impuissance de Dieu, si des hommes et des femmes ne décident pas de donner des mains à l'Esprit de Dieu.

Affirmer notre plein pouvoir sur Dieu ne cache-t-il pas un peu de prétention chez des personnes en mal d'humilité, caressant secrètement le désir de s'assurer de leur main mise sur Dieu ? Ou n'est-ce pas plutôt la reconnaissance du désir même de Dieu de voir les hommes et les femmes être les artisans premiers non seulement de leur propre histoire, mais de celle de Dieu Lui-même ?

Le jour où il n'y aura plus d'hommes et de femmes faisant l'expérience que leur rapport à Dieu vient servir leur propre qualité de vie et leur passion de vivre, Dieu n'aura plus d'histoire. En ce sens, l'histoire de Dieu est étroitement liée à celle des humains qui, en dernier recours, décideront et auront toujours à redécider de sa pertinence pour l'accomplissement de l'histoire humaine elle-même.

La foi, une décision

Redonner leurs lettres de noblesse aux questionnements et aux interrogations, reconnaître la légitimité des doutes et des silences dans une démarche de quête de sens, consentir à ce que les paroles sur Dieu soient nécessairement des réponses humaines, balbutiantes parfois, c'est se prémunir contre la tentation de se croire possédé de la vérité et se prémunir contre tout dogmatisme. C'est accepter qu'une telle démarche de quête de sens ne mène pas nécessairement à Dieu, et que Celui-ci ne s'impose pas comme l'aboutissement nécessaire de celle-ci. Par conséquent, la décision de ne pas croire fait partie des choix légitimes d'une personne libre de donner sens à sa vie comme elle l'entend.

Et attention au réflexe rapide de conclure que ceux qui ne croient pas sont nécessairement des gens qui se prennent pour le centre du monde ou pour Dieu. Ce jugement totalement gratuit se retrouve encore trop souvent chez ceux et celles qui disent croire au Dieu de Jésus-Christ.

Par contre, réhabiliter les questions, c'est aussi ouvrir la voie à ce que Dieu soit une des réponses possibles que des hommes et des femmes choisissent de donner à leur

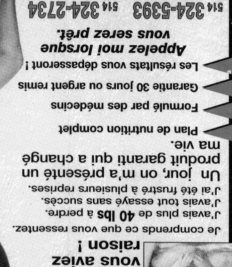

recherche de sens. Au cœur du message chrétien, la foi en Dieu est souvent et même surtout présentée comme un don. Rarement a-t-on entendu dire qu'elle est aussi et peut-être avant tout le résultat d'un choix, d'une décision d'une personne libre.

Si la foi n'est qu'un don, et si elle est libératrice et un bienfait pour l'humanité, pourquoi serait-elle distribuée si parcimonieusement entre nous? Et sur la base de quels critères?

Plus profondément, situer la foi exclusivement comme un don, c'est la transposer en dehors du champ de la liberté humaine, dans un espace où certains et certaines d'entre nous seraient trouvés assez dignes pour en être gratifiés, sur la base d'une initiative extérieure et totalement arbitraire. Comme si certaines personnes méritaient d'être dispensées de la nécessaire quête de sens à laquelle nous sommes conviés.

Il ne s'agit pas de nier que l'expérience d'une relation avec un Dieu fait partie du champ des expériences qui nous sont offertes, tel un don, en tant qu'être humain. Comme dans toute relation d'amitié, il y a une part qui ne dépend pas de nous. Il n'est pas vrai que les affinités de caractère, d'intérêts, de préoccupations ou de valeurs suffisent à construire une amitié. Bien sûr, elles en font partie, et je dirais même qu'elles occupent une place importante. Mais il y a toujours quelque chose de totalement gratuit qui va au-delà de nos limites ou de nos affinités, et qui fait que l'autre nous offre son amour ou son amitié.

Et c'est dans la mesure où cet amour ou cette amitié nous fait vivre, et vivre en abondance, que nous déciderons ou non de l'accueillir. Cette présence viendra-t-elle me raffermir dans mes valeurs, dans mes projets, dans mes espoirs ? Sera-t-elle un soutien là où les projets seront compromis, et au moment où les espoirs vacilleront ? Trouverai-je un certain bonheur dans l'appui que j'apporterai à mon tour à la réalisation de ses propres projets ? Cette même présence me procurera-t-elle tout simplement le plaisir d'être bien ensemble, à cause justement de ces fatigues et de ces espoirs partagés ?

Il y va de la relation à Dieu comme de la relation que nous avons avec toute personne. En fonction du bien-être, du plaisir et de la vie qui peut en émerger, nous avons à choisir d'entrer ou non en relation, et si oui, à décider de l'espace que cette relation prendra dans nos vies. Devant le don qui nous est offert, un choix s'impose.

Mais parce qu'il relève justement de la quête de sens au quotidien, et parce qu'il est de l'ordre d'une relation, ce choix n'est jamais fait une fois pour toutes. Le fait que Dieu soit perçu comme pertinent à une étape de la vie ne signifie pas qu'il en sera toujours ainsi. Et l'inverse est aussi vrai. Le croyant d'aujourd'hui n'est pas assuré de l'être demain. La vie a le don d'interpeller les choix que nous avons faits pour nous aider à vivre. Surtout lorsque la souffrance, la maladie ou la mort d'êtres chers s'en mêlent.

En ce sens, la foi n'est pas seulement une décision. Comme dans toute relation, elle est une décision à prendre et à reconsidérer constamment.

La responsabilité
de la pertinence de Dieu

Il me semble que tout se tient. Reconnaître que tout discours sur Dieu en est un d'hommes et de femmes en quête de sens, de bonheur et de liberté ; reconnaître un Dieu qui a choisi de se laisser découvrir dans l'histoire, cela nous convie à une responsabilité : celle de participer au dévoilement du visage de Dieu et à sa pertinence pour aujourd'hui.

Dans une société caractérisée par la vitesse, le rendement, l'efficacité et la performance, cela apparaîtra pour plusieurs comme un luxe de gens qui ont du temps à meubler, pour ne pas dire à perdre. Et pourtant !

Justement parce qu'une relation à Dieu relève du sens de la vie et, par conséquent, embrasse toute la vie, il nous revient de chercher et de faire connaître un Dieu qui soit libérateur de la vie sous toutes ses formes.

Comme tous ceux et celles qui nous ont précédés dans l'histoire, nous sommes les principaux acteurs et actrices de la pertinence de Dieu pour aujourd'hui. Nous ne sommes pas tenus d'accueillir tout ce qui est dit sur Dieu parce que provenant de supposées autorités. Il ne faut pas accorder plus d'importance et de crédibilité aux propos d'une personne du seul fait qu'elle est haut placée dans la hiérarchie d'une organisation.

Dans une démarche de quête de sens, l'autorité s'impose d'elle-même lorsque cela fait sens pour nous et pour les gens qui nous entourent, et lorsque cela sert la vie. Si ce que nous disons sur Dieu ne réussit pas à répondre à ces deux exigences, il nous faut en conclure à la non-pertinence de Dieu.

Bien sûr, cela ne se fait pas seul. Et nous n'allons pas tout réinventer sur Dieu. Nous avons reçu, depuis des centaines et des milliers d'années, un héritage précieux d'hommes et de femmes qui ont été, dans leur temps, des artisans de la pertinence de Dieu pour les leurs. Cela ne s'est pas toujours fait avec bonheur. Certains s'en sont servis pour justifier des rapports d'inégalité, des privilèges, des guerres.

Dans cet héritage, il nous faut faire le tri et conserver ce qui peut encore nous faire vivre. Il nous faut décaper l'image de Dieu et tout le message qui l'entoure, non pas pour Le défendre, mais pour nous assurer que si nous Lui faisons une place dans nos vies, ce sera pour servir la vie, et non pour la commander.

En ce sens, l'avenir de Dieu est entre nos mains. Mais nous n'avons pas à nous donner comme mission de Le faire vivre à tout prix et pour Lui-même. Ce n'est que dans la mesure où nous réussissons à démontrer qu'Il peut servir l'épanouissement personnel et collectif de la personne humaine dans son histoire qu'il nous revient d'assurer Sa pertinence pour aujourd'hui. C'est en ce sens aussi que Son histoire est nécessairement reliée à notre histoire.

2

Le Dieu de Jésus de Nazareth : un Dieu parental

Affirmer que la question de Dieu s'intègre dans une démarche de quête de sens ne fait pas de celle-ci une expérience purement rationnelle et logique. La personne humaine est ainsi faite que ce n'est pas seulement son intellect qui cherche réponse à ses questions. L'affectif, le physique et le psychique ont aussi des besoins que la quête de sens embrasse et qu'elle cherche à satisfaire.

C'est pour cette raison que la décision de croire ne se limite pas à un acte volontaire et rationnel qui apporterait des réponses permanentes à des questions. On ne croit pas en Dieu comme on croit aux extraterrestres. Parce que la foi est essentiellement une relation, elle se vit au quotidien, et comme toute relation, elle influe sur le quotidien. D'où l'importance que ce Dieu qui sera sujet de cette relation serve l'épanouissement de la personne humaine.

La crédibilité du Dieu
que Jésus nous propose

Se reconnaître comme artisan de la pertinence de Dieu pour aujourd'hui, cela nous amène à nous interroger sur le Dieu qui nous a été légué par nos parents, nos grands-parents, nos ancêtres, nos éducateurs et éducatrices : le Dieu de Jésus de Nazareth.

Parce que je crois profondément que le seul Dieu crédible se devra d'être un Dieu au service de la vie d'aujourd'hui, et non d'une vie ultérieure, la question se pose de savoir si le Dieu de Jésus peut encore être un Dieu qui nous invite à nous redonner du pouvoir sur nos vies. Peut-il être encore ce Dieu qui n'enferme pas dans le passé mais qui contribue plutôt à dégager les voies de l'avenir de sorte que l'Espérance ne soit pas qu'une vertu abstraite, mais qu'elle jaillisse de notre capacité même de transformer les choses ?

Le Dieu de Jésus :
fruit de sa propre quête de sens

Pour le savoir, il nous faudra nous pencher sur les termes avec lesquels le Nazaréen nous parlait du Dieu qui le faisait vivre. On se rappellera que, dans sa propre recherche de vérité, Jésus avait continuellement des démêlés avec les maîtres de la Loi chargés d'étudier et d'expliquer les enseignements de l'Ancien Testament, ce recueil de livres qui témoignent de l'histoire de la relation du peuple d'Israël avec son Dieu. Il en était de même avec les membres d'un parti religieux juif, les pharisiens, qui pratiquaient une obéissance rigide à la Loi de Moïse et à ses règlements.

Ces controverses ne trouvaient pas leurs origines dans les traits de caractère de Jésus, mais bien dans la conception du Dieu qu'il proposait, et qui venait confronter celle que les maîtres de la Loi et les pharisiens présentaient au peuple. À un Dieu de la Loi, il proposait un Dieu de l'amour. À un Dieu qui condamnait, il opposait un Dieu de pardon. À un Dieu qui exigeait des sacrifices, il présentait un Dieu qui invitait plutôt à la conversion des cœurs et aux changements d'attitudes.

Ce faisant, il heurtait directement les chefs religieux de son temps reconnus comme étant ceux qui possédaient la vérité sur Dieu. Cela était d'autant plus froissant pour eux que le message de Jésus provenait du fils d'un artisan et trouvait audience auprès du peuple qui adhérait à un Dieu bon ne supportant pas l'injustice et l'exclusion, et capable de pardon. Ces grands chefs n'appréciaient pas non plus voir diminuer leur pouvoir sur le peuple. La participation de Jésus au dévoilement du visage de Dieu, tout libérateur qu'il pouvait être pour ses contemporains, n'a pas été de tout repos.

Tout comme Jésus, nous ne pouvons nous dérober à la recherche de pertinence du Dieu qui nous est proposé par nos chefs religieux et par le milieu d'où l'on vient. Et pour cela, il nous est nécessaire de voir en quels termes Jésus nous parlait du Dieu qu'il nous propose. Tout au long de ses enseignements et de ses débats avec les pharisiens et les maîtres de la Loi, un mot revenait constamment dans sa bouche pour identifier le Dieu auquel il croyait : Père.

Les écrits de l'Ancien Testament démontraient, chez le peuple d'Israël, l'évolution de sa conception de Dieu vers un rapprochement du cœur de l'homme et de la femme. Mais c'était la première fois qu'une personne percevait sa relation avec Dieu comme étant aussi intime qu'une relation parent-enfant.

Dans le langage humain et dans la culture de l'époque, la relation père-fils semblait à Jésus l'expérience la plus pertinente pour traduire l'intensité de la tendresse amoureuse qu'il ressentait dans sa relation avec Dieu. Il a fallu que Jésus vive avec son père Joseph une expérience particulièrement épanouissante pour qu'il retienne celle-ci comme l'expérience qui représente le plus fidèlement son rapport à Dieu.

Un Dieu parental : quelle pertinence pour aujourd'hui ?

Mais dans le Québec d'aujourd'hui, à l'aube du troisième millénaire, cette référence au Père peut-elle être de quelque utilité pour esquisser les traits d'un Dieu qui nous aiderait à vivre ?

En tant qu'adultes, que peut représenter une relation à un père, même si on lui accole le mot Dieu ? Le père ne représente-t-il pas celui dont nous nous sommes affranchis, celui de la tutelle duquel nous nous sommes libérés, pour acquérir notre pleine autonomie et notre indépendance ? Et pourquoi donc retourner à un tel type de relation ? N'est-ce pas là nous délester en partie de notre autonomie pour nous procurer la part de sécurité que contient toute forme de dépendance ?

Particulièrement aujourd'hui, l'image du père s'est assombrie sous les critiques qui l'assaillent. Où est le père quand il s'agit de partager équitablement les tâches ? Quelle présence est la sienne dans l'éducation des enfants ? Dans toutes les familles monoparentales dirigées par les mères, où sont les pères, et quelles responsabilités assument-ils auprès de leurs enfants? Le débat public ne craint pas de questionner le père absent, le père indifférent, le père autoritaire, et ne craint pas d'accuser le père violent et abuseur.

Heureusement, la grande majorité des pères n'est pas constituée d'irresponsables, d'incompétents ou de psychopates, réels ou en puissance. Mais l'avènement de la libération des femmes, avec les revendications légitimes qu'elle comporte, a interpelé les hommes sur ces réalités. Nécessairement, l'image du père en a été fortement ébranlée. Peut-elle encore donner un avant-goût de la tendresse du Dieu dont Jésus nous parle?

Et pourquoi « père » au lieu de « mère »? Lorsque nous parlons de tendresse amoureuse, la mère ne constitue-t-elle pas un visage plus approprié pour témoigner de la tendresse de Dieu? Ce n'est pas que les hommes en sont incapables mais, en général, il est reconnu qu'ils ont encore à reconnaître, à apprivoiser et à exprimer la tendresse qui les habite. En ce sens, pour ceux et celles qui cherchent Dieu, l'image de la mère ne représenterait-elle pas une voie plus sûre pour conduire à Lui? Dans une culture autre que patriarcale, répétons-le, Jésus aurait probablement parlé de Dieu comme d'une Mère.

Et encore là, on trouvera toujours des personnes pour qui le rapport à la mère a été souffrant et difficile. Malgré tout cela, ce qui me frappe et m'impressionnera toujours, c'est la force du lien parental qui existe entre le père ou la mère et son enfant. Quelles que soient les limites ou les incompétences des parents, il suffit de voir avec quels mécanismes physiques et psychiques un enfant réagit lorsqu'il est retiré de son milieu familial par les services de protection de l'enfance, pour mesurer la profondeur de la perturbation qui l'assaille.

Il en est de même pour les enfants qui ont à vivre une séparation de leurs parents. La blessure qu'ils ressentent est intense, et les moyens pour l'exprimer tout aussi puissants. Même si le cordon ombilical a été coupé depuis quelques années, la relation parent-enfant demeure *vitale*.

Que ce soit au niveau physique, psychique, affectif, spirituel, l'enfant *se reçoit* de ses parents pour son développement. Et combien d'adultes cherchent encore dans le regard ou la bouche de leurs parents des marques de leur tendresse pour eux?

Dans un groupe d'une douzaine de personnes à qui nous demandions à quoi font référence les termes *père* et *mère*, les mots suivants refaisaient surface: tendresse, affection, autorité, exigence, conseiller, confident, pourvoyeur, absence, reconnaissance... Ce qui frappait, c'était la variété des expériences de chacun. Si pour l'un, la mère représentait la tendresse et l'affection, alors que le père constituait la figure d'autorité, pour l'autre, c'était l'inverse. Il n'y a pas de modèle unique de père ou de mère.

L'importance de la relation parent-enfant pour le développement de la personne est telle qu'il est judicieux d'utiliser l'image des parents pour exprimer l'expérience d'une relation à Dieu qui soit un Dieu au service de la vie. Mais lorsque nous devenons adulte et que nous répondons à de plus en plus de nos besoins, en quoi cela fait-il sens?

Il est significatif d'entendre souvent des adultes dire: « Elle est une mère, ou il est un père, pour moi. » Généralement, l'expression est utilisée pour parler d'une personne qui les a aimés et qui les aime tellement qu'elle contribue à leur développement par une présence qui répond à l'un ou l'autre de leurs besoins vitaux.

Même chez ceux et celles pour qui l'expérience amoureuse avec la mère ou le père a été douloureuse ou absente, l'expérience même de l'absence fait ressentir la souffrance d'un vide, d'un manque, d'un espace qui cherche à être occupé. Plusieurs de ces personnes témoignent de leurs rencontres avec des visages particulièrement amoureux qui, littéralement, les font *renaître*. Jésus de Nazareth a donc vu juste en choisissant l'expérience universelle qu'est la relation parent-enfant pour parler de sa relation au Dieu en qui il croyait. Et encore aujourd'hui, dans la mesure où l'on parle d'un Dieu-Père-Mère, d'un Dieu parental, ce choix a sa pertinence.

Pour esquisser une mesure plus juste du service que ce Dieu pourrait rendre à la vie et aux humains que nous sommes, un détour sur la façon dont Jésus de Nazareth nous parlait de son Père peut nous éclairer. À partir de quelques textes, voyons en quoi une relation avec un Dieu-Père peut encore alimenter la vie de l'an 2000.

La parabole de l'enfant prodigue (Lc 15,11-24)

Voici ce qu'en dit l'Évangéliste Luc, au chapitre 15.

Jésus dit encore :

Un homme avait deux fils. Le plus jeune dit à son père :
« Mon père, donne-moi la part de notre fortune qui doit
me revenir. » Alors le père partagea ses biens entre ses deux
fils. Peu de jours après, le plus jeune fils vendit sa part de la

propriété et partit avec son argent pour un pays éloigné. Là, il vécut dans le désordre et dissipa ainsi sa fortune.

Quand il eut tout dépensé, une grande famine survint dans ce pays, et il commença à manquer du nécessaire. Il alla donc se mettre au service d'un des habitants du pays, qui l'envoya dans ses champs garder les cochons. Il aurait bien voulu se nourrir des fruits du caroubier que mangeaient les cochons, mais personne ne lui en donnait.

Alors, il se mit à réfléchir sur sa situation et se dit : « Tous les ouvriers de mon père ont plus de nourriture qu'ils n'en peuvent manger, tandis que moi, ici, je meurs de faim ! Je vais partir pour retourner chez mon père et je lui dirai : "Mon père, j'ai péché contre Dieu et contre toi, je ne suis plus digne que tu me regardes comme ton fils. Traite-moi donc comme l'un de tes ouvriers." » Et il partit pour retourner chez son père.

Tandis qu'il était encore assez loin de la maison, son père le vit et en eut profondément pitié : il courut à sa rencontre, le serra contre lui et l'embrassa. Le fils lui dit alors : « Mon père, j'ai péché contre Dieu et contre toi, je ne suis plus digne que tu me regardes comme ton fils. » Mais le père dit à ses serviteurs : « Dépêchez-vous d'apporter la plus belle robe et mettez-la-lui ; passez-lui une bague au doigt et des chaussures aux pieds. Amenez le veau que nous avons engraissé et tuez-le, faisons un joyeux repas, car mon fils que voici était mort et il est revenu à la vie, il était perdu et je l'ai retrouvé. » Et une joyeuse fête commença.

Peut-on dégager une compréhension commune de ce texte, et essayer de lire entre les lignes ce qu'il nous dit du Père dont veut nous parler Jésus de Nazareth ?

À la demande de son jeune fils qui lui demandait sa part, le père « partagea ses biens entre ses deux fils ». Derrière cette petite phrase innocente, n'y a-t-il pas une façon de concevoir la vie qui est une marque distinctive de la maison paternelle ? Le père conçoit sa richesse comme étant aussi celle de ses fils. Elle appartient à tous les trois, et chacun a pleine liberté de disposer de sa part comme il l'entend.

Une gestion des biens comme expression
d'une façon d'être en relation

Derrière le père, il y a toute une façon de penser l'organisation et la gestion des biens familiaux. Il est intéressant de noter que le père n'a pas partagé ses biens en trois, mais bien « entre ses deux fils ». Équitablement. Et ces derniers ont plein pouvoir sur l'utilisation de ceux-ci. Il y a donc une richesse collective dont tous et chacun se sentent responsables et dont ils sont les bénéficiaires.

Il y a une dynamique à la maison paternelle. Le type de gestion et d'organisation des biens familiaux qui insère la propriété individuelle dans la propriété collective n'est pas que le fruit d'un consensus qui assure la réponse aux besoins de tous. Elle est l'expression d'une volonté commune d'établir et d'entretenir des relations égalitaires et fraternelles entre les personnes.

Dès que l'un des deux fils décide de retirer sa part pour lui seul, une dynamique différente s'installe. La conception du rapport aux biens matériels et de la répartition de ceux-ci que le père avait établie est remise en cause. Mais plus que cela, inconsciemment, c'est le type de relations qui prévalait qui est brisé, et dont le jeune fils ne soupçonne pas toute la force de vie qu'il contenait.

Il est important de le rappeler, car lorsque le jeune fils réfléchira au retour éventuel chez son père, c'est tout cela qu'il voudra retrouver. Derrière la figure paternelle, il y a plus que le visage du père, il y a un esprit, une façon de penser la vie dont le fils fera l'expérience du manque et dont il prendra conscience qu'elle a de fortes chances de mieux servir sa propre vie.

Lorsqu'il vint à manquer du nécessaire, à l'occasion d'une famine qui survint après qu'il eut tout dépensé, ce n'était pas seulement la faim qui le tenaillait. Profondément isolé, blessé dans son honneur de ne même pas pouvoir « se nourrir des fruits du caroubier que mangeaient les cochons », c'était l'image et l'estime qu'il avait de lui-même qui étaient directement touchées.

D'ailleurs, dans sa réflexion sur le retour éventuel vers son père, ce qui le tourmente, c'est sa relation avec son père, c'est la perception que celui-ci aura de lui : « Je ne suis plus digne que tu me regardes comme ton fils. Traite-moi comme l'un de tes ouvriers. » Envahi par la honte d'avoir dilapidé sa fortune qui faisait partie du bien collectif et par la gêne de se présenter en haillons à son père, il a le sentiment que sa relation filiale est brisée.

Qu'est-ce qui a bien pu lui donner la force d'outre-passer sa fierté blessée pour oser revenir vers le foyer paternel ? La faim est un moteur puissant. Mais la fierté peut l'être tout autant. Pour décider d'entreprendre une telle démarche, il a fallu au fils un minimum de confiance dans la possibilité de ne pas être rejeté et renié par le père, mais bien d'être accueilli par lui, au moins comme un ouvrier.

Or voilà que le père l'aperçoit de loin, court à sa rencontre, l'étreint contre lui et l'embrasse. Dans sa grande joie, il ne répond même pas à l'enfant prodigue qui lui dit ne pas être digne d'être regardé comme son fils. Au contraire, comme s'il ne l'avait pas entendu, il se tourne vers ses serviteurs pour commander la robe, la bague, les chaussures, le veau gras... Et que la fête commence !

Un Dieu au service de la dignité

Rembrandt a peint un très beau tableau sur le retour de l'enfant prodigue, où l'on voit le fils agenouillé devant son père qui lui entoure les épaules. Bien sûr, l'artiste a conçu son œuvre d'après ses sensibilités et ce qu'il avait vécu lui-même. Pour ma part, je me fais une autre représentation de ce passage. Dans la hâte du père d'étreindre son fils, je pense plutôt que celui-ci n'a même pas eu le temps de s'agenouiller. Et même s'il l'avait fait, le premier geste du père, avant de le serrer dans ses bras, aurait été de le relever. Ce père a trop hâte que son fils revête la robe neuve, la bague et les chaussures pour le laisser à genoux. Il refuse qu'un de ses enfants soit maintenu dans un état d'humiliation, d'isolement, de misère, d'exclusion. Vite, qu'il retrouve sa dignité et sa fierté !

Mais il y a plus que cela. Le père de la parabole de l'enfant prodigue nous révèle autre chose sur le Dieu que Jésus nous propose. L'humiliation ne vient pas perturber seulement la relation entre le père et le fils. Elle détermine aussi la relation avec les autres. Pourquoi donc le père s'assure-t-il qu'avant même que son fils ne s'assoie à la même table que les convives pour faire la fête, celui-ci soit revêtu de la robe, de la bague et des chaussures neuves ? Il s'agit ici de beaucoup plus que du simple fait de s'endimancher pour faire la noce.

C'est devenu un lieu commun que d'affirmer qu'il n'y a pas d'amour de l'autre sans d'abord l'amour de soi. Ce que nous démontre la parabole, c'est qu'il est possible d'aller à la rencontre des autres, d'entrer en relations avec eux, et de s'asseoir à la même table, uniquement lorsque notre propre dignité a été rétablie. La robe, la bague et les chaussures sont les signes d'une dignité retrouvée, d'une estime de soi reconquise, sans laquelle la participation au repas se serait faite dans la honte, ou n'aurait tout simplement pas été possible. Dans les deux cas, il y aurait eu absence de relations, car aucune rencontre véritable n'est possible lorsqu'on est habité par l'opprobre et le déshonneur.

Revêtu de notre dignité, c'est notre propre perception des autres qui en est transformée. Nous ne sommes plus à la remorque du regard de ceux-ci pour savoir si nous sommes assez dignes de faire partie de leur réseau de relations. Nous passons d'un rôle passif à un rôle d'acteur. Forts d'une dignité reconquise, nous ne nous représentons plus les autres comme une menace d'humiliation et d'exclusion, mais comme des personnes que nous aurions intérêt à rencontrer, d'égal à égal.

D'ailleurs, c'est pour cette raison que la lutte à la pauvreté est si importante. À cause de l'humiliation et de la dévalorisation qu'elle engendre, la pauvreté déstabilise et sabote la capacité d'entrer en relation. Pauvre, le fils prodigue s'est retrouvé seul avec les cochons. L'indigence engendre la honte qui, elle-même, entraîne l'isolement et, donc, l'absence de relations.

Ainsi, si le père de l'enfant prodigue représente un Dieu-Père qui veut, en tout premier lieu, nous rétablir tous, chacun et chacune, dans notre dignité, nous sommes invités à nous reconnaître tels quels, et à être les uns pour les autres des pourvoyeurs de dignité. Il nous revient alors de travailler à ce que chacun et chacune d'entre nous soient revêtus de la robe, de la bague et des chaussures, de telle sorte que tous puissent faire partie de la fête.

Lorsque les maisons de sondage font enquête pour connaître nos priorités par rapport au travail, à l'argent, à l'amour, il est révélateur que ce soit toujours ce dernier qui soit en tête de liste. Nous sommes essentiellement des êtres de relations. Voilà pourquoi l'isolement est si pénible à vivre, et qu'il nous affecte dans notre dignité. Enfant comme adulte, nous avons un besoin viscéral d'aimer et d'être aimés. Nous avons besoin d'être *reconnus*. Il y a là quelque chose de *vital*. Il est d'ailleurs significatif que *reconnaître* s'articule autour de *naître*.

Un Dieu qui transforme nos relations

Voilà donc pourquoi je pense que si nous voulons qu'un Dieu soit au service de la vie, il doit avoir quelque chose à voir avec l'amour. Voilà pourquoi je crois aussi que, justement parce que nous sommes *par essence* des êtres de relations, un tel Dieu doit pouvoir libérer et transformer nos propres relations. Or en quoi le père de la parabole peut-il esquisser les traits d'un Dieu qui influe sur la qualité de nos relations ?

La parabole de l'enfant prodigue ne veut pas insinuer que nous devons croupir dans la misère et être dans la dèche pour être accueillis par le Dieu-Père proposé par Jésus. Un tel Père n'aurait pas couru au-devant de son fils. Il aurait exigé des excuses de celui-ci. Il n'aurait pas commandé aussitôt la robe, la bague et les chaussures.

Cette parabole vient plutôt illustrer jusqu'où peut aller l'amour de ce Dieu. Elle nous rappelle que, qui que nous soyons et quoi que nous ayons vécu, il y a un Dieu qui considère chacun et chacune d'entre nous comme son fils ou sa fille, et qu'Il nous aimera toujours, sans condition. Un Dieu qui nous laisse entièrement libres de vivre comme nous le voulons, mais qui ne supporte pas de nous voir en haillons, ou affaiblis par la faim, ou ignorés et répudiés.

Même si nous participons à une quête commune de sens, nous serons toujours profondément seuls devant le sens à donner à notre propre vie. Le Père que nous propose la parabole de l'enfant prodigue est celui qui sera toujours là lorsque nous nous sentirons tragiquement seuls. Seuls avec notre maladie ou notre handicap. Seuls avec nos questions de sens à la vie, et auxquelles peu de gens semblent accorder de l'importance. Seuls dans une société où l'on ne sollicite plus nos capacités. Seuls avec notre fortune qui ne nous fait plus vivre. Seuls avec l'urgence de ce monde à refaire. Seuls avec cet amour brisé. Seuls avec notre révolte d'avoir grandi de foyer en foyer. Seuls avec notre estime et notre dignité broyées. Seuls avec notre peur de l'avenir. Seuls avec ce crime sur la conscience. Seuls avec notre dépendance à l'alcool. Seuls...

Mais un Père est toujours là, prêt à nous couvrir de la robe, à nous passer la bague au doigt et des chaussures aux pieds, et qui commande le veau gras! En notre honneur!

Tentez l'exercice. Essayez de vous imaginer devant le Père, même sans un passé discutable comme peut l'être celui de l'enfant prodigue. Vous n'avez même pas fini votre baratin d'entrée auprès de Lui que vous voilà pardonné et accueilli à bras ouverts! Lorsque la musique et la danse éclateront en votre honneur, avouez-moi, sans rire, que vous ne serez pas gêné, et que vous ne serez pas tenté de vous dire : « Mais je ne mérite pas ça ! »

Et pourtant, voilà bien la folie du Dieu que nous propose Jésus de Nazareth. L'amour de ce Dieu n'accepte pas d'être à la remorque du mérite. Il y a une notion de pouvoir dans celle du mérite. Nous courons, nous nous excitons et nous nous essoufflons beaucoup pour aimer. En retour, secrètement, nous nous attendons à être aimés dans la même mesure. Nous avons investi, nous comptons donc recevoir un rendement proportionnel. Nous l'avons mérité ! C'est très économique que tout cela... Et aussi très humain.

Le Dieu de Jésus de Nazareth vient inverser la dynamique. Il ne nous appelle pas à aimer pour être aimé et mériter son amour. Il nous invite plutôt à reconnaître l'immense tendresse dont nous sommes d'abord l'objet, pour ensuite laisser cette tendresse libérer et rendre possible notre désir d'aimer. Libérer et rendre possibles nos relations !

Un Dieu qui renouvelle notre regard face à nous-mêmes

Voilà le premier lieu de relation que ce Dieu vient questionner. L'énorme défi auquel Il nous convie est celui de nous savoir aimés à un point tel qu'Il interpelle notre propre regard face à nous-mêmes.

En nous rappelant son amour inconditionnel pour ce que nous sommes, avec nos limites, nos peurs, nos angoisses et nos blessures, ce Dieu nous rappelle que nous ne sommes pas que la somme des expériences du passé.

Nous sommes aimés, non pas *malgré* nos petitesses et nos pauvretés, mais *avec* elles. Cet amour qui va jusqu'au pardon n'efface pas ces dernières et ne les fait pas disparaître. Mais il nous invite à nous regarder autrement que par le prisme de celles-ci, qui déforme nécessairement ce que nous sommes.

La pauvreté de nos relations passées ne fera jamais de nous des gens incapables de relations. En nous aimant tels que nous sommes, ce Dieu nous convie à plus de tendresse et de compassion envers nous-mêmes. Et c'est là qu'Il devient libérateur et qu'Il nous renvoie la question : si nous sommes à ce point digne d'être aimés par Lui, pouvons-nous nous *reconnaître* beaux et belles avec nos difficultés d'aimer, nos peurs de l'étranger, nos angoisses face à l'avenir, nos sentiments d'impuissance ?

Si la question semble facile à poser, la réponse ne vient pas spontanément. Car nous sommes sollicités par d'autres lieux qui prétendent contribuer à faire en sorte que nous soyons reconnus. La profession, la voiture de l'année, le compte bancaire, les beaux vêtements, le statut social ne sont-ils pas plus efficaces pour nous aider à nous donner de la valeur ?

Mais qu'advient-il lorsque nous ne sommes pas à la hauteur de l'excellence qu'on attend de nous, lorsque nous ne pouvons accéder à la profession désirée, lorsque telle voiture ou tel vêtement échappe à nos capacités financières ? Serait-ce notre qualité d'être qui s'appauvrit ? La difficulté dans le fait d'établir notre estime en fonction de tels critères est double. Elle fonde d'abord notre valeur personnelle sur des réalités qui sont de l'ordre de l'avoir et non de l'être, donc qui sont à l'extérieur de nous. Dès qu'elles nous sont inaccessibles ou qu'elles nous échappent, nous nous sentons diminués et dévalorisés, avec tout ce que cela comporte au niveau du goût de vivre.

Corollaire de la première, la seconde faiblesse d'une telle assise de notre valeur personnelle vient du fait qu'elle nous met à la remorque du regard des autres sur nous, et que, par le fait même, elle fragilise et fausse nos relations. Si la raison première de celles-ci se fonde sur le port des vêtements Nike, sur telle marque de voiture, ou sur notre appartenance à tel club sélect, rapidement, nous toucherons la limite de ces relations en ce qu'elles ne sont pas basées sur des valeurs et des intérêts communs.

Nous consacrons beaucoup de temps et d'énergies à la quête de ces lieux de reconnaissance, nécessairement superficiels et aléatoires. Pourtant, nous rendons-nous compte que cette quête peut provoquer nos craintes et nos angoisses de vivre, du fait que, généralement, elle nous place en compétition les uns par rapport aux autres, nous privant par le fait même de liens de solidarité et d'entraide qu'on retrouve à la maison du père de l'enfant prodigue?

Voilà donc, il me semble, le premier service que peut nous rendre le Dieu de Jésus. Qui que nous soyons, quel que soit le passé qui est le nôtre, il vient libérer notre relation face à nous-mêmes, en nous rappelant qu'Il nous aime comme des fils et des filles, et en nous invitant à nous accueillir nous-même de la même tendresse. Ainsi, en nous invitant à reconquérir notre dignité, il libère notre capacité d'entrer en relation, qui est la seule voie qui nous permette de renaître continuellement à la vie.

Un Dieu qui invite à miser
sur la confiance (Mt 6,25)

Un deuxième texte, qui me semble un des plus forts de l'Évangile, vient compléter la parabole de l'enfant prodigue sur la perception que Jésus avait de son Dieu-Père.

> Voilà pourquoi je vous dis : Ne vous inquiétez pas au sujet de la nourriture et de la boisson dont vous avez besoin pour vivre, ou au sujet des vêtements dont vous avez besoin pour votre corps. La vie est plus importante que la nourriture et le corps plus important que les vêtements, n'est-ce pas ? Regardez les oiseaux qui volent dans les airs : ils ne sèment ni ne moissonnent, ils n'amassent pas de récoltes dans des greniers, mais votre Père qui est au ciel les nourrit ! Ne valez-vous pas beaucoup plus que les oiseaux ?
>
> Observez comment poussent les fleurs des champs : elles ne travaillent pas et ne tissent pas de vêtements. Pourtant, je vous le dis, Salomon, avec toute sa richesse, n'a pas eu de vêtements aussi beaux que l'une de ces fleurs. Dieu habille ainsi l'herbe qui se trouve aujourd'hui dans les champs et qui demain sera jetée au feu : ne vous habillera-t-il pas à bien plus forte raison vous-mêmes ?
>
> Ne vous inquiétez donc pas. Votre Père qui est au ciel sait que vous en avez besoin. Préoccupez-vous d'abord du Royaume de Dieu et de la vie juste qu'il demande, et Dieu vous accordera aussi tout le reste.

De la naïveté ou de l'inconscience ?

Deux réactions paradoxales et légitimes peuvent surgir à la lecture de ce texte. La première en est une de séduction, car comment ne pas ressentir la sérénité et la paix devant cette invitation de Jésus à faire confiance à un Dieu-Père qui connaîtrait déjà nos besoins, et qui serait prêt à nous accorder ce qu'il nous faut! Une relation avec un tel Dieu apaiserait l'angoisse de la satisfaction des besoins vitaux qui sont les nôtres, tels que la nourriture, un toit, des vêtements, puisqu'Il nous assure que nous ne manquerons de rien.

Le deuxième sentiment qui surgit, c'est carrément de la colère devant ce qui pourrait plutôt nous apparaître comme de la naïveté ou de l'inconscience. Fallait-il que Jésus de Nazareth soit si peu informé des guerres et des famines de son temps pour présenter une telle confiance à un Dieu-Père?

À l'heure où nous venons tout juste de quitter un siècle de guerres et de famines qui ont vu périr des millions de nos frères et sœurs, peut-on adhérer à une telle conception de Dieu sans avoir le sentiment de se considérer, au-delà de la naïveté et de l'inconscience, comme un irresponsable? Encore aujourd'hui où, avec la mondialisation, nous assistons à l'appauvrissement d'un nombre de plus en plus grand de personnes, où les banques alimentaires établissent des records de fréquentation, et où nous en sommes à offrir des repas dans les écoles parce que les enfants ont faim, peut-on prendre au sérieux une telle invitation?

Une telle conception de Dieu, contredite de façon si éclatante par les faits, ne vient-elle pas consacrer sa non-pertinence?

Et pourtant! La proposition d'un Dieu qui nous invite à risquer la *confiance* est-elle si insensée pour aujourd'hui?

Des choix vers la confiance
ou vers la protection?

On sait que lorsqu'on réussit à faire confiance, on se sent moins seul, on se sent pacifié, on se sent bien, on se sent en sécurité. La confiance est un antidote à l'insécurité, à l'angoisse et à la dépression. Pour répondre à la question précédente, il peut être utile de nous rappeler quelques-unes des voies que nous avons empruntées pour satisfaire notre besoin de sécurité.

Au début de chaque année, nous sommes bombardés de messages publicitaires des institutions financières nous invitant à «investir» dans nos Régimes enregistrés d'épargne-retraite.

Ces REER deviennent un des fondements de notre confiance en l'avenir. C'est à peu près dans les mêmes termes que nous sont présentés par les compagnies d'assurances les multiples programmes qui nous permettent d'assurer nos personnes et nos biens.

La crainte frileuse des travailleurs et travailleuses de perdre leur emploi; l'angoisse des étudiants et étudiantes qui compétitionnent entre eux à propos de leur rendement scolaire qui leur permettrait d'accéder aux emplois les mieux payés et les plus prestigieux; le développement phénoménal des systèmes d'alarme et de sécurité; et, plus largement, l'ampleur des budgets militaires des nations. Tout cela suppose la même question: celle de la *confiance*.

Curieusement, je me suis laissé dire à quelques reprises que «les Québécois sont les plus insécures, car les plus assurés». Cette phrase démontre bien le paradoxe. Les assurances ne viennent pas soulager l'insécurité, mais elles en sont plutôt l'expression. Il en est de même du développement des armes et des systèmes d'alarme.

Ce qui frappe dans les choix que nous faisons pour soulager l'anxiété qui nous afflige, c'est que nous optons pour des moyens qui sont de l'ordre de la *protection*. L'autre, ou les autres, sont perçus comme des menaces desquelles il faut se protéger et se défendre. Dans cette logique, la spirale de l'insécurité s'alimente d'elle-même.

Les systèmes d'alarme et les armes deviendront de plus en plus sophistiqués et se multiplieront au rythme de notre insécurité réciproque. Les conventions collectives seront farcies de clauses qui préviennent toute interprétation non désirée, jusqu'au risque d'être discriminatoire (envers les jeunes par les clauses-orphelins) et d'en étouffer la vie. On préférera se doter d'un portefeuille de placements bien garni pour garantir son avenir avant de s'interroger sur l'accès à tous à des conditions de vie décentes.

Étrangement, notre insécurité se développe au même rythme que les moyens de défense que nous nous donnons. Faut-il alors s'étonner de récolter l'isolement, l'exclusion, la faim, la guerre qui eux-mêmes intensifieront l'insécurité... et le besoin de protection? Avons-nous réellement pris conscience que ces réalités sont le produit d'une façon d'entrer en relation et qu'elles ne sont pas indépendantes du monde économique, politique et culturel dans lequel nous vivons?

Dans la mesure où nos rapports sociaux sont déterminés de plus en plus par les rapports économiques où les règles du marché sont rois et maîtres; dans la mesure où il semble que, socialement, nous ayons accepté que la *compétition* entre les entreprises, entre les marchés et entre les pays soit incontournable et soit perçue comme étant la seule façon de faire, au point d'en devenir une nouvelle idolâtrie, les rapports entre les personnes en sont nécessairement marqués.

Les pièges de la notion d'excellence

Il n'est pas innocent que, depuis une douzaine d'années, la notion d'*excellence* accompagne comme une sœur siamoise celle de *compétition*. Pour voiler une dynamique de relations qui se construisent nécessairement sur des rapports gagnants-perdants, on recourt à un concept d'une haute valeur morale qui s'applique à un souci de réalisation et d'accomplissement de soi, chez quelqu'un qui va au bout de lui-même et qui va même jusqu'à se surpasser.

Qu'on me comprenne bien. Je ne suis pas contre l'excellence en soi, si elle fait référence à une personne qui fait du mieux qu'elle peut tout ce qu'elle entreprend. En ce sens, je suis même de ceux qui déplorent le peu de place qu'elle peut prendre dans la vie de certaines personnes. Mais généralement, ce n'est pas ce que l'on entend par le terme *excellence*. Je suis contre un recours à l'excellence justifié dans un rapport avec d'autres personnes, plutôt que par rapport à soi-même. Dans le contexte qui est le nôtre, plutôt que de servir l'épanouissement personnel, l'excellence est récupérée pour servir un système social et économique qui mène nécessairement à l'exclusion croissante des personnes.

Dans un tel contexte de compétition, l'autre est nécessairement perçu comme une menace, comme quelqu'un qui fait obstacle à ma réalisation personnelle. Si je ne peux l'écraser ou le faire disparaître, je dois à tout le moins éviter d'entretenir avec lui des relations qui favoriseraient son succès à mes dépens. L'impasse!

Dans cette dynamique, il n'y a pas de place pour un Dieu qui inviterait à l'entraide, à l'amour, au partage, à la tendresse, au pardon. Si séduisante soit-elle, l'invitation d'un tel Dieu crée des contradictions trop difficiles, sinon impossibles à surmonter. Même si je souhaitais profondément pouvoir vivre de ces valeurs qui fondent la confiance dans le monde d'aujourd'hui où je suis appelé à faire *ma* place, ce qu'un tel Dieu propose ne semble pas réaliste. Il n'apparaît alors aucunement pertinent à mon développement personnel. C'est ainsi que l'invitation de ce Dieu est reléguée aux oubliettes, ou remise éventuellement à plus tard, lorsque mes conditions de vie me permettront peut-être le luxe de m'y attarder.

La notion d'excellence contient un autre piège. Elle n'a pas seulement pour effet de saboter les relations avec les autres. Elle falsifie aussi la relation par rapport à soi. En plus d'avoir l'immense défaut d'être irréaliste puisqu'elle réfère à la perfection, elle laisse croire que ma réussite dépendra de mon degré d'excellence ou de mon souci de perfection. Par le fait même, elle m'envoie un message selon lequel je suis le seul artisan de mes succès ou de mes échecs. La pression devient alors énorme et mène nécessairement à une double illusion. Elle situe d'abord ma valeur personnelle et mon estime de moi-même à la remorque de mes succès ou de mes échecs éventuels, au risque de lendemains fort douloureux.

Elle laisse croire ensuite que, comme je suis le seul artisan de mes succès, j'en suis donc le seul méritant.

Cette double illusion se caractérise encore une fois par l'absence de l'autre et nous fait oublier que nous avons tous été fabriqués par les personnes qui nous entourent, parents, amis, éducateurs ou autres. Elle nous distrait du fait que nos rapports avec eux nous ont façonnés, nous façonnent encore et nous façonneront toujours. Personne ne peut prétendre être ce qu'il est devenu par la seule force de ses bras, de son intelligence, de ses choix. Nous sommes le produit de nos choix, oui, mais nous sommes aussi le produit de ce que nous avons reçu. Et cela est vrai jusque dans la possibilité même de choisir.

Cette prise de conscience nous permet de relativiser la notion d'excellence, de succès et de mérite. Elle nous permet aussi de comprendre pourquoi dans le double leurre cité plus haut, il ne peut y avoir de place pour une relation avec Dieu.

Celle-ci ne se commande pas. Je ne peux dire : « Aujourd'hui, je m'en vais rencontrer Dieu », comme je le ferais avec ma patronne, mon agent d'assurances, mon garagiste ou ma blonde. Une relation à Dieu ne relève pas d'une adhésion rationnelle, ou d'une nécessité fonctionnelle. Parce qu'il ne peut émerger qu'à travers une expérience amoureuse, le chemin qui mène vers Dieu passe nécessairement par les hommes et les femmes qui partagent ma route et qui m'ont aimé pour ce que je suis. Ce sont ces visages concrets, par l'amour qu'ils m'ont donné et qu'ils me portent encore, qui me permettent d'intuitionner la possibilité d'un amour plus grand dont je serais le sujet. Sans ces visages amoureux, les traits du visage même de Dieu me sont interdits d'accès.

Or dans une vie où je serais le seul artisan de mon propre bonheur, et qui exclurait par conséquent toutes les personnes qui l'habitent, les sentiers qui mènent à Dieu sont nécessairement absents. Dans la mesure où j'adhère à une conception du bonheur qui le situe exclusivement dans un statut social reconnu et dans un niveau de vie permettant une accession facile aux biens de consommation, les personnes qui m'entourent ne peuvent être partie prenante de ce bonheur. Par leur absence, Dieu m'est nécessairement inaccessible.

Cette absence d'accès à Dieu se joue aussi à un autre niveau. Il en va de ma relation avec Dieu comme de celle que j'entretiens avec les autres. Entrer en relation, c'est accepter de dégager un espace et du temps dans ma vie pour cette personne. C'est risquer de me faire influencer, confronter, interpeller, façonner par elle. J'ai donc la liberté de choisir les personnes que je veux laisser entrer dans ma vie. Et parce qu'elles y jouent un rôle actif, j'ai aussi la liberté de décider de la mesure exacte de la place qu'elles y prendront. Dieu ne fait pas exception à cela.

Si ce Dieu vient de plus questionner ma propre perception du bonheur, s'il vient contester ma prétention à être le fondement de ce que je suis devenu et de ce que je possède, un tel Dieu risque d'être fort dérangeant, et je le percevrai comme un obstacle dans ma quête de bonheur, ce dernier fût-il une illusion. Assurément, un tel Dieu n'a pas sa place dans mon réseau de relations.

Risquer la confiance

On ne soupçonne pas jusqu'où peuvent aller les ravages des notions d'excellence et de compétition. De toute évidence, ce Dieu de Jésus de Nazareth apporterait une bouffée d'air frais par cet appel à la *confiance*, si seulement cela ne relevait pas de l'ignorance, de l'idéalisme et de l'illusion. Mais se peut-il que l'option pour la confiance suggérée par un tel Dieu ne relève pas tant de l'idéalisme que de l'idéal ? Se peut-il même que ce soit la seule option qui assure la vie, en abondance, des hommes et des femmes de notre temps ?

N'entend-on pas souvent devant des projets, des défis ou des relations possibles qui nous font hésiter les expressions suivantes : « Faisons-nous confiance », « Il faut lui faire confiance » ou « Faisons confiance en l'avenir » ? Nous nous invitons nous-mêmes à un acte de foi envers nous, d'autres personnes, ou envers l'avenir. Il est d'ailleurs significatif que les mots *confiance* et *foi* dérivent tous les deux du mot latin *fides*.

Si nous sommes prompts à reconnaître que la confiance relève d'un acte de foi, nous le sommes moins à constater qu'elle ne peut être que le fruit de notre volonté, et qu'elle s'enracine et s'exprime dans les conditions matérielles d'existence. Nous aurons beau appeler à faire confiance en l'avenir, si les conditions de vie de ceux et celles que nous interpellons relèvent de la précarité et de la pauvreté, notre appel ne sera pas entendu. Il en sera de même pour une personne qui nous aura volé ou trompé, qui aura abusé de notre confiance. Il y a des conditions matérielles nécessaires à l'éclosion de la confiance et qui sont l'expression d'une façon d'entrer en relation.

La confiance est essentiellement affaire de relations. Il y a toujours au moins deux personnes impliquées, celle qui fait confiance et celle qui est l'objet de cette confiance. Or la confiance ne surgit pas d'un acte spontané. Nous pouvons choisir le risque de faire confiance, en étant bien conscient que celle-ci n'est pas encore acquise.

Nous ne pouvons en appeler de la confiance sans en même temps nous engager et nous impliquer dans la réalisation des conditions nécessaires à son émergence. La confiance ne peut faire l'économie du temps. Elle est le produit de minutes, d'heures, de jours, de mois et d'années, où les personnes concernées ou les groupes impliqués ont démontré par des gestes concrets, souvent bien humbles, leur volonté de prendre en considération les besoins et les intérêts réciproques, et leur détermination à se soutenir et à être solidaires dans la réalisation de leurs projets.

Si elle se fonde sur le passé, la confiance est aussi un pari sur l'avenir. En ce sens, il nous faut forger un passé où il nous a été possible d'apprendre à nous *fier* et à nous *confier*, pour que nous puissions, ensemble, dégager des voies prometteuses d'avenir.

Si je confie mon enfant à telle garderie, c'est qu'elle a déjà fait ses preuves et que j'ai espoir qu'il y sera en sécurité et qu'il se développera dans toutes les dimensions de son être. Si je joins tel groupe, c'est qu'avec les connaissances que j'ai de son action et de sa dynamique, j'ai confiance d'atteindre mes objectifs avec eux. Si je m'investis dans telle relation avec une personne, c'est qu'avec ce que je connais d'elle, je m'attends à ce qu'elle soit source d'épanouissement pour moi.

Sans la confiance, aucun projet, aucune relation ne sont possibles. Je m'isole, je me protège, j'angoisse, je meurs à petit feu. C'est pour cette raison que la confiance est au cœur de la vie. Sans projet et sans relation, c'est la mort. Or la confiance en l'avenir ne prend pas d'autre chemin que celui de la confiance entre nous. Certains diront, avec raison, que la confiance en l'avenir est aussi tributaire de la confiance que nous entretenons envers nos institutions ou la politique. Mais justement, il nous faut prendre conscience que ces dernières sont le fruit d'un choix de notre part, et sont à la fois l'expression et le cadre du type de relations que nous voulons établir entre nous. Si nous n'avons plus foi en nos institutions, c'est que ces dernières ne participent plus à établir entre nous des relations de confiance.

Pourquoi ce petit détour sur la confiance? Pour bien prendre conscience qu'elle se situe à la source du désir et de la possibilité d'entrer en relations. Pour reconnaître qu'elle est une condition de tout développement personnel et de toute vie en société. Pour finalement constater qu'elle est le terreau où s'apaise tout appétit de vivre.

En ce sens, lorsque Jésus de Nazareth nous propose un Dieu qui nous invite à faire confiance, il nous faut constater, dans un premier temps, que Celui-ci n'est pas si étranger aux pulsions de vie et aux aspirations qui nous habitent. Cela n'en fait pas pour autant un Dieu qui a sa pertinence. Pour ce faire, il doit répondre aux questions suivantes: est-ce que son appel à faire confiance relève uniquement d'un acte de foi qui, comme par magie, suffirait à répondre à nos besoins vitaux, mais qui, dans les faits, serait totalement improductif? Ce Dieu ne nous provoque-t-il pas à briser le cercle vicieux des mécanismes de sécurité que nous nous sommes donnés, basés plutôt sur la peur et la menace de l'autre, et qui, en fait, nous entraînent plutôt dans un gouffre d'insécurité?

« Préoccupez-vous du Royaume de Dieu... »

L'invitation de Jésus de Nazareth à faire confiance à un Dieu-Père qui connaît nos besoins et qui est prêt à y pourvoir n'est pas si naïve qu'on peut le penser, et ne relève pas que de l'acte de foi. Il y a une condition qui est posée : « Préoccupez-vous d'abord du Royaume de Dieu et de la vie juste qu'il demande, et Dieu vous accordera aussi tout le reste. » *Mt* 6,25

La décision de faire confiance à laquelle nous sommes conviés ne constitue pas une décharge de nos responsabilités sur un Dieu qui les assumerait à notre place. Au contraire. Nous avons la tâche de nous « préoccuper du Royaume de Dieu » sans laquelle il serait illusoire de nous attendre à ce que tout le reste nous soit accordé. La première partie de la phrase constitue une prémisse à la deuxième. L'invitation à faire confiance n'est pas un appel à la magie.

La question que nous ne pouvons éviter est de savoir ce que peut bien signifier ce *Royaume de Dieu*, et à quoi renvoie *la vie juste* que ce dernier exige.

Nous, les 40 ans et plus, avons été formés à concevoir le Royaume comme étant celui qui nous attendait après la mort. Cette conception nous transposait donc dans un au-delà hypothétique, et l'invitation à s'en préoccuper prenait la forme de prières, de sacrifices et d'indulgences qui représentaient les éléments d'une police d'assurance pour accéder au Royaume.

Les réalités du temps présent avec son lot de joies et de misères étaient un passage obligé pour mériter le Royaume. Une telle conception n'est pas étrangère à la distance qu'ont pris plusieurs personnes face au message reçu.

Si le Dieu proposé par Jésus veut servir la liberté et le bonheur des hommes et des femmes que nous sommes, il faut affirmer résolument que ce Royaume ne peut être ailleurs que sur cette terre. Tant mieux s'il se prolonge dans l'Au-delà. Mais ce qui nous intéresse avant tout, c'est le bonheur des vivants, et non celui des morts. D'ailleurs, à plusieurs reprises, quand Jésus parle du Royaume, il insiste pour dire : « Aujourd'hui, il est proche de vous. » En *Luc* 17,21, Jésus affirme même résolument : « Car, sachez-le, le Royaume de Dieu est au milieu de vous. » Mais cette proximité, peut-on la préciser davantage ?

Ce qui frappe chez Jésus de Nazareth, c'est sa conception des personnes et sa façon d'entrer en relation. Il ne laisse pas les préjugés de l'époque dicter sa conduite à propos du choix des personnes qui doivent être trouvées assez dignes pour faire partie de son réseau de relations. Que ce soit des femmes, des pêcheurs, des collecteurs d'impôts, des mendiants, des paralytiques, des lépreux, la Samaritaine, les enfants, il confronte la culture d'exclusion dont étaient victimes ces personnes, pour les laisser entrer dans sa vie ou pour aller vers eux.

On ne sent pas chez Jésus une conduite dictée par la pitié. Poussé par la conviction que tous et toutes sont enfants du Dieu-Père qu'il nous annonce, ses relations sont nécessairement empreintes de fraternité. Il s'insurgera donc contre tous ceux et celles qui posent des gestes qui, en blessant des gens dans leur dignité, tuent la possibilité d'entrer en relation et d'établir des relations fraternelles.

Bien sûr, les pharisiens et les prêtres de l'époque, par leur insistance continuelle sur l'application des préceptes de la Loi et par les condamnations qui en découlent, seront les premiers à connaître les foudres de la colère de Jésus. « Engences de vipères », « Hypocrites », « Sépulcres blanchis ». Jésus n'y va pas de main morte pour qualifier ceux et celles qui font passer les besoins et les intérêts de la personne au second plan, et qui sacrifient et faussent les relations.

Mais ses propres amis, ses disciples, goûteront aussi à sa médecine! Jésus ne les a pas épargnés lorsqu'ils tentaient de faire taire l'aveugle Bartimée qui criait plus fort qu'eux au bord du chemin pour attirer son attention. Il en fut de même lorsqu'ils ont essayé d'éloigner les enfants, les trouvant trop bruyants pour le Maître. «Laissez-les venir à moi, car c'est à eux qu'appartient le Royaume.»

Est-ce trop réducteur que d'affirmer que le Royaume de Dieu se situe là, et ne se situe que là, où existent des relations fraternelles entre les personnes. Des relations où nous sommes importants les uns pour les autres. Des relations où nous sommes les pourvoyeurs d'une tendresse réciproque. Des relations qui cherchent à établir les conditions nécessaires à l'émergence de la confiance entre nous. «Le Royaume de Dieu est proche» lorsque nous prenons conscience de la vie en abondance qui jaillit de telles relations, et lorsque nous nous engageons à jeter les bases des conditions de celles-ci.

Lorsque Jésus de Nazareth nous invite à *nous préoccuper du Royaume de Dieu et de la vie juste qu'il demande*, n'est-ce pas essentiellement de cela dont il parlait? Comment faire de cette terre un lieu où nos relations soient empreintes de justice, de solidarité, de fraternité et de tendresse? Comment faire en sorte que nos rapports avec le pouvoir, le savoir et l'avoir soient déterminés par ce souci d'égalité et de fraternité qui, seules, permettent l'avènement de la confiance?

Voilà la douce *préoccupation* à laquelle nous sommes conviés, et qui est la seule condition qui nous permettrait de ne pas nous inquiéter du lendemain. D'ailleurs, il n'est pas inutile de rappeler ici que toutes les études démontrent qu'avec le développement des capacités productives de notre époque, nous sommes capables de nourrir, d'éduquer et de soigner l'ensemble de la population de la planète. Quelles relations économiques, politiques et culturelles sommes-nous prêts à établir qui rendraient cela possible, et qui seraient l'expression de notre fraternité?

Nous sommes donc loin de l'inconscience et de la naïveté de Jésus de Nazareth lorsqu'il nous présente un Dieu-Père qui veut la vie pour ses enfants et qui, pour y arriver, les invite à faire le pari de la confiance entre eux. Il me semble qu'il nous faut constater l'urgente et nécessaire pertinence d'un tel Dieu.

Le Dieu de la récompense (Mt 5,41 – 6,18)

Jésus de Nazareth nous parle du Dieu-Père dans des textes qui ont trait à l'amour des ennemis, aux dons faits aux pauvres, à la prière et au jeûne.

> «Mais moi, je vous le dis: aimez vos ennemis et priez pour ceux qui vous persécutent... Si vous aimez seulement ceux qui vous aiment, pourquoi vous attendre à recevoir une récompense de Dieu?» (*Mt* 5,44s.)

> «Quand donc tu donnes de l'argent aux pauvres, n'attire pas bruyamment l'attention sur toi, comme le font les hypocrites dans les synagogues et dans les rues: ils agissent ainsi pour être loués par les hommes... Mais toi, quand tu donnes de l'argent aux pauvres, fais-le de telle façon que même ton plus proche ami n'en sache rien, afin que ce don reste secret; et Dieu, ton Père, qui voit ce que tu fais, en secret, te récompensera.» (*Mt* 6,2s.)

« Quand vous priez, ne soyez pas comme les hypocrites : ils aiment à prier debout dans les synagogues et au coin des rues pour que tout le monde les voie… Mais toi, lorsque tu veux prier, entre dans ta chambre, ferme la porte et prie ton Père qui est là, dans cet endroit secret ; et ton Père, qui voit ce que tu fais en secret, te récompensera. » (*Mt* 6,5s.)

« Quand vous jeûnez, ne prenez pas un air triste comme font les hypocrites : ils changent de visage pour que tout le monde voie qu'ils jeûnent… Mais toi, quand tu jeûnes, lave-toi le visage et peigne tes cheveux, afin que les gens ne se rendent pas compte que tu jeûnes. Seul ton Père qui est là, dans le secret, le saura ; et ton Père, qui voit ce que tu fais en secret, te récompensera. » (*Mt* 6,16s.)

Ainsi donc, selon ces extraits de l'Évangile de Matthieu, le Dieu-Père proposé par Jésus serait un Dieu de la récompense. À prime abord, si j'étais heureux de cette invitation à ne pas nous pavaner pour faire reconnaître les gestes que nous faisons, j'ai ressenti une sorte de répulsion à un tel Dieu monnayable, qu'on pourrait acheter par la somme des dons faits aux pauvres, ou par celle des moments de prière et de jeûne. Ceux-ci deviendraient alors des investissements dont on espère les meilleurs rendements.

Il me semblait qu'une telle conception de Dieu contredit celle proposée par la parabole de l'enfant prodigue, qui n'est pas à la remorque du mérite, et dont la marque distinctive est l'amour totalement gratuit et le pardon. Elle vient fausser la relation avec Dieu en la fondant sur des bases de type commercial. Elle pervertit de plus notre relation avec les autres qui ne deviennent alors que les instruments d'honneurs ou de considérations recherchés par nous.

Il va de soi qu'un tel Dieu qu'on utiliserait pour asseoir notre pouvoir parmi les humains n'est aucunement libérateur et ne répond pas aux questions de sens que nous portons. Il nous faut le refuser.

Quand nous allions à l'école, les récompenses n'étaient-elles pas réservées à ceux et celles qui avaient toujours les meilleur résultats ? Ne s'adressaient-elles pas à ceux et celles qui témoignaient toujours d'un comportement exemplaire ?

Mais en même temps, dans ce Dieu de la récompense, il y a quelque chose de séduisant qu'il nous faut réapprivoiser. La récompense est de l'ordre de la reconnaissance. Or nous écartons celle-ci beaucoup trop facilement en laissant croire qu'elle est de l'ordre de l'individualisme, de l'intérêt ou de l'orgueuil. Pourtant, il y a quelque chose non seulement de légitime, mais de profondément vital dans la reconnaissance. Si l'on déconstruit le mot, on retrouvera *connaissance, naître avec.* Faudra-t-il alors s'étonner que la *reconnaissance* permette de *renaître avec,* et que, pour cette raison, elle soit si importante dans nos vies ?

Qu'on le veuille ou non, malgré tous les efforts que nous déployons pour essayer de le nier, nous sommes des personnes d'intérêts. Ce sont ceux-ci qui nous font avancer. Même dans l'acte qui se présenterait comme totalement gratuit, il y a des intérêts en jeu qui font qu'il est posé. Nous carburons aux intérêts qui nous habitent. La question à laquelle nous sommes confrontés est celle-ci : à quels intérêts un Dieu de la récompense proposé par Jésus de Nazareth peut-il répondre ? Un tel Dieu peut-il vraiment être libérateur pour nous ?

Alors que dans la conception populaire la récompense réfère au mérite, le Petit Robert parle plutôt de dédommagement, de compensation pour une perte ou un dommage.

La récompense apporte un avantage qui vient compenser pour un désavantage. Il y a une notion d'équilibre dans la récompense. D'ailleurs, le même dictionnaire définit le terme *compenser* par le fait d'*équilibrer un effet par un autre*.

Voilà, il me semble, le sens de la pertinence d'un Dieu-Père qui récompense dans le secret.

De l'amour des ennemis

Nous avons tous connu des gens que nous n'aimons pas ou que nous arrivons difficilement à aimer, et qui, souvent d'ailleurs, nous le rendent bien. La notion d'ennemi varie beaucoup selon les situations. Il y a toute une distance entre une simple antipathie et la haine que peuvent ressentir les Palestiniens pour les Israéliens, les Tutsis pour les Hutus au Rwanda, ou les Albanais du Kosovo pour les Serbes, qui tous ont connu des guerres où des êtres les plus chers ont été victimes des atrocités que comporte toute guerre.

Que l'éventail des sentiments aille de l'antipathie à la haine viscérale, ces sentiments nous rongent de l'intérieur et nous perturbent à divers degrés. Il est certain qu'ils compromettent l'espèce de paix intérieure ou d'unification que l'on souhaiterait pour tout simplement être bien. Cet appel d'un Dieu qui nous convie à aimer nos ennemis, aussi fou et insensé soit-il, se veut une réponse à notre soif de paix intérieure et de bien-être. Par l'espace qu'il dégage pour refaire les relations, et par les chemins qu'il libère pour que soit rétablie la confiance, cet appel permet d'espérer la possibilité de se *reconnaître*, de *renaître avec*, et de voir ainsi rétabli l'équilibre recherché.

Du don fait aux pauvres

N'entend-on pas souvent l'expression : « S'il donne aux pauvres, c'est pour se donner bonne conscience » ? Quelle que soit l'intention première du don, il y a toujours une recherche d'équilibre. Qu'il soit motivé par le sens des responsabilités ou par un sentiment de culpabilité, le don cherche à conserver ou à établir les conditions d'une relation qui fait vivre. Relation avec soi-même d'abord, et relation avec les autres ensuite.

D'ailleurs, qui n'a pas été témoin de la joie ressentie par les gens qui participent à la guignolée durant le temps des Fêtes, à la campagne Carême de partage de Développement et Paix, ou par les enfants et les parents qui ont ramassé des crayons et des cahiers pour une école d'Haïti ? Pour en avoir été témoin, ces gens-là *renaissent* littéralement à eux-mêmes, en sachant qu'ils contribuent à la *renaissance* de leurs frères et sœurs. Elle est là, la récompense d'un Dieu-Père qui nous permet de nous faire renaître les uns les autres.

Du jeûne

Le jeûne n'a aucun sens s'il ne constitue qu'un moment de privation masochiste de quelqu'un qui y trouve son plaisir. Mais s'il dégage symboliquement un espace intérieur qui nous fait ressentir physiquement la soif de tendresse qui nous habite pour laisser ensuite l'amour de Dieu venir l'assouvir ; s'il nous fait éprouver le malaise que provoque la faim pour nous rapprocher et nous rendre solidaires de ceux et celles qui souffrent de la faim, alors le jeûne vient libérer nos relations en nous renvoyant vers les autres.

De la prière

La prière relève de la même motivation que lorsque quelqu'un a soif et qu'il décide d'arrêter ses pas pour prendre le temps de boire. Ce moment lui est devenu nécessaire s'il veut reprendre la route de plus belle et aller plus loin. La prière constitue cette halte où notre désir d'aimer s'abreuve à l'Amour pour alimenter notre capacité d'aimer. C'est toujours nos relations qui en bénéficieront et qui seront, pour nous, régénératrices (du latin *regenerare*, « faire renaître »).

Des relations qui font renaître

Qu'est-ce que peut bien signifier le fait de *renaître avec* pour des personnes dont l'estime de soi a été détruite ou disloquée dès la plus tendre enfance, ce qui a pour effet de compromettre leur capacité même d'entrer en relation? Chez eux, une telle récompense apparaîtra comme une bien mince consolation d'un Dieu qui n'a pas grand-chose à offrir!

Les individus dont les relations sont empreintes de domination, ou ceux pour qui les personnes sont des objets de consommation qu'on abandonne après usage, pourront sûrement retrouver la satisfaction brute, à court terme, d'intérêts bien servis ou de plaisirs assouvis. Mais leur sera-t-il possible de goûter à la puissance du sentiment de *renaître* avec son cortège de souffles neufs, d'énergies recouvrées, d'affections ravivées, d'amitiés reconfirmées, de solidarités reconstruites, de projets inédits, d'avenirs libérés et créateurs?

Renaître, non pas comme concept rationnel ou abstrait, mais physiquement, comme au printemps, lorsqu'une joie diffuse nous envahit et qu'on a l'impression que des gouttes de feu nous coulent dans les veines. Bien sûr, ce sentiment ne saurait constituer un état stable et constant. Il ne serait plus alors de l'ordre de la renaissance. Mais il nous permet de réaffronter la vie, pour en faire surgir encore plus de vie.

Ce Dieu de la récompense proposé par Jésus de Nazareth, qui voit dans le secret, et qui, grâce à l'amour des ennemis, au don fait aux pauvres, au jeûne et à la prière, nous permet littéralement de *renaître avec* d'autres, ce Dieu peut-il prétendre être pertinent ?

Encore une fois, même si nous avons notre identité propre, il n'est pas inutile de rappeler que nous sommes essentiellement des êtres de relations, et que ce sont celles-ci qui nous ont fabriqués et qui nous façonnent encore. Dans la mesure où ce Dieu contribue à donner un second souffle à nos amours fatiguées et à nos espoirs déçus ; dans la mesure où Il participe à renouveler et à recréer nos relations vers plus d'égalité et de fraternité ; et dans la mesure où, de tous ces efforts, nous sommes assurés de retrouver une joie et une paix intérieures qui nous font renaître et revivre, il me semble que ce Dieu répond à des aspirations profondes qui nous habitent.

Le Dieu d'un Royaume à préparer (Mt 25,31)

Voici un autre texte où Jésus de Nazareth parle de Dieu comme un Père, et qui vient nous rappeler à quoi peut se mesurer la qualité de nos relations. Il s'agit du texte sur le Jugement dernier où Jésus lui-même se présente comme le roi qui rassemblera les peuples de la terre à la fin du monde, et séparera les gens, les uns à sa gauche et les autres à sa droite.

> Alors le roi dira à ceux qui seront à sa droite : « Venez, vous qui êtes bénis par mon Père, et recevez le Royaume qui a été préparé pour vous depuis la création du monde. Car j'ai eu faim et vous m'avez donné à manger ; j'ai eu soif et vous m'avez donné à boire ; j'étais étranger et vous m'avez accueilli chez vous ; j'étais nu et vous m'avez habillé ; j'étais malade et vous avez pris soin de moi ; j'étais en prison et vous êtes venus me voir... Toutes les fois que vous l'avez fait à l'un des plus petits de mes frères, c'est à moi que vous l'avez fait... »

Chez les gens qui ont été formés en pensant que le Royaume vient après la mort, plusieurs se référeront à ce texte pour contester mon affirmation voulant que le Royaume est avant tout sur cette terre, en jugeant que cette conception du Royaume est trop réductrice. En effet, celui-ci serait le cadeau préparé d'avance, déjà tout emballé, la récompense finale qui attend, dès les origines, d'être offerte à tous ceux et celles qui l'auront méritée.

Pourtant, le texte est très clair. *Recevez le Royaume qui a été préparé pour vous* depuis *la création du monde.* C'est un petit mot bien innocent, *depuis*, qui donne tout son sens au Royaume dont Jésus parle. Il marque un point de départ. Lorsque cette préposition réfère au temps, le Petit Robert en donne une première signification : *À partir d'un moment passé.* Le dictionnaire précise même davantage : *Pendant la durée passée qui sépare du moment dont on parle.* Ce Royaume a donc été préparé et se prépare encore *depuis* la création du monde, il s'est façonné petit à petit, et encore aujourd'hui, il continue à s'ériger là où des personnes ont décidé d'établir entre elles des relations qui reconnaissent leur propre dignité, qui sont basées sur une confiance réciproque et sur la solidarité, et qui les font renaître.

Ce Royaume à venir est donc nécessairement celui d'aujourd'hui, dans lequel il prend sa source. Et tous ceux et celles qui en hériteront seront ceux et celles qui en auront été les artisans en visitant les malades et les prisonniers, ou en donnant à manger à ceux qui ont faim, à boire à ceux qui ont soif, ou des vêtements à ceux qui sont nus. Ce ne sont pas là des articles d'un programme électoral qui constitue le passeport obligé vers ce Royaume, et dont l'application garantit l'accès à celui-ci.

Ce ne sont là que l'expression de notre volonté et de notre façon d'entrer en relation. La possibilité de relations est compromise lorsque des gens ont faim, soif ou sont nus. La pauvreté, l'indigence et l'exclusion, à cause de l'humiliation et de l'estime de soi blessée qu'elles comportent, étouffent la dignité nécessaire à la capacité d'entrer en relations. C'est pour cette raison que le rétablissement de cette dignité, par la transformation des conditions qui la tuent, devient l'urgence première.

C'est pour la même raison que, chez ceux et celles qui confessent le Dieu de Jésus de Nazareth, la lutte à la pauvreté et à l'exclusion n'est pas qu'une option possible parmi les divers engagements que la vie nous présente. Elle se doit d'être au cœur de notre foi et de notre vie. Notre désir profond d'établir des relations fraternelles nous incite à travailler à faire en sorte que tout ce qui entrave la possibilité d'émergence de telles relations soit écarté.

Le Dieu que nous présente Jésus de Nazareth, en tant que Père, s'insurge contre toute forme d'impossibilité d'entrer en relations, qui est le seul chemin qui fait vivre et renaître, et qui fait qu'on est partie prenante de ce Royaume. Ceux et celles qui en hériteront seront ceux et celles qui, par leur façon d'être, auront contribué à le construire.

Le Dieu révélé aux petits (Mt 11,25-27)

L'évangéliste Matthieu rappelle une mystérieuse petite prière où Jésus fut rempli de joie et déclara : « Ô Père, Seigneur du ciel et de la terre, je te remercie d'avoir révélé aux petits ce que tu as caché aux sages et aux gens instruits. »

Voilà une parole de Jésus de Nazareth que j'ai longtemps trouvé suspecte, et même choquante. On le sait, la sagesse acquise par l'expérience et le bagage de connaissances que permet l'instruction contribuent à donner du pouvoir sur la vie et, par le fait même, à élargir la liberté. Pour reprendre la très belle expression de Paul Desaulniers dans un numéro de la *Revue Notre-Dame*, la connaissance est même plus que cela, elle est avant tout un *supplément d'âme*.

Or cette réjouissance de Jésus devant ce « quelque chose » qui serait à la portée des petits, mais inaccessible aux sages et aux instruits, serait-elle un « éloge » de la petitesse et de l'ignorance ? Jésus de Nazareth se joindrait-il alors à la cohorte de gens déjà trop nombreux qui dévaluent et méprisent l'importance de l'effort intellectuel et de l'acquisition des connaissances ?

Les statistiques le démontrent : la courbe du degré d'instruction d'une population est généralement inversement proportionnelle à celle de la foi en Dieu. Moins les gens sont instruits, plus ils ont tendance à croire en un Être supérieur. Plus les gens sont instruits, plus ils ont un sentiment de maîtrise sur leur vie, et moins Dieu ne semble y avoir de place.

Se peut-il alors que l'emportement du Nazaréen ne soit motivé que par la satisfaction d'un homme qui cherche à influencer ses contemporains, et qui constate que les plus humbles se font plus réceptifs à son message ? Jésus ne trouve-t-il pas là un terrain fertile au développement de son pouvoir d'influence, prenant plaisir à constater que le Dieu qu'il propose étend son pouvoir surtout chez les sans-pouvoir ?

Les textes précédents nous démontrent qu'on ne peut retenir une telle interprétation. Le Dieu de Jésus est beaucoup trop préoccupé de la dignité et de la reconnaissance de la grandeur de ses enfants pour retenir de ce passage une louange à la « petitesse ».

Dans la mesure où le Dieu qu'il propose souhaite ardemment que *tous* ses enfants entretiennent entre eux des relations créatrices qui soient marquées du sceau de la fraternité, avec tout ce que cela comporte de dignité, de respect, de justice et d'entraide ; dans la mesure où Jésus de Nazareth, en tant qu'homme, porte cette aspiration au plus profond de lui-même au point d'en faire le projet central de sa vie ; et dans la mesure où ce sont ceux-là mêmes qui souffrent de l'exclusion, de l'isolement, de la marginalité et de la difficulté d'entrer en relation et d'être reconnus avec dignité qui se reconnaissent et qui trouvent directement leur intérêt dans cet appel à établir des relations qui n'excluent personne, n'est-il pas normal que ce soit ceux-là qui adhèrent spontanément au message de Jésus ? N'est-il pas légitime que le Christ se réjouisse devant le fait que son message redonne espoir à ces gens, puisqu'il s'agit là justement du but poursuivi et de l'effet recherché ?

Il faut se rappeler qu'à l'époque de Jésus, l'éducation n'était réservée qu'aux riches. La très grande majorité des personnes ne savaient ni lire ni écrire. Le pouvoir de la connaissance était donc lié au statut social de celui qui le détenait, et se traduisait généralement en pouvoir politique ou religieux qui influençait ou qui dictait les façons de penser de l'époque.

Dans un tel contexte, faut-il s'étonner que les sages et les gens instruits contestent, et même refusent le message de Jésus, étant donné que le Dieu qu'il proposait confrontait le Dieu de ces derniers ? Alors qu'ils présentaient un Dieu de la Loi et de la règle qui régissait les relations individuelles et les rapports en société, Jésus suggérait un Dieu de l'amour et du pardon qui proposait de nouvelles bases sur lesquelles les relations entre les personnes pouvaient s'appuyer. L'amour et le pardon ne tolérant aucune forme d'exclusion, d'oppression ou d'iniquité, nécessairement, ils allaient marquer les rapports entre les individus, qu'ils soient personnels ou sociaux.

Bien sûr que les petits, les laissés-pour-compte qu'étaient les aveugles, les lépreux, les prostituées, les femmes, les paralytiques, les publicains et autres collecteurs d'impôts allaient se reconnaître dans ce message qui leur permettait de reconquérir l'univers de relations possibles à toute personne à qui on reconnaît une place pleine et entière dans la société. Fatalement, les modes d'organisation sociale de l'époque qui privaient un grand nombre de personnes de l'accès à cet univers allaient être remis en question.

Comment les leaders de ces structures d'organisation pouvaient-ils éviter alors de voir se fissurer les assises de leur pouvoir ? Les pharisiens et les Maîtres de la Loi ne se sont pas trompés lorsque, craignant l'adhésion du peuple au message de Jésus, ils cherchèrent à le faire tuer. Leur propre pouvoir était menacé. Il ne s'agissait pas seulement d'une querelle théorique d'experts entre deux conceptions de Dieu. Bien sûr que celles-ci divergeaient, mais l'enjeu se trouvait dans la façon d'être et d'entrer en relation, différente selon la perception de Dieu à laquelle on adhérait.

Mais s'il y a de plus en plus de gens qui adhèrent au Dieu de l'amour, que deviendra le Dieu de la Loi ? Et qu'adviendra-t-il de la Loi elle-même, et surtout des Maîtres de la Loi chargés de l'appliquer et de la faire respecter ? Quel pouvoir leur restera-t-il s'ils perdent ce qui leur permet d'être considérés comme *les sages et les instruits* ? On comprend facilement pourquoi Jésus de Nazareth n'a pu faire partie de leur réseau d'amis !

On le voit bien, il n'est pas banal de s'attarder à la conception que nous nous faisons de Dieu, car elle détermine et influence le type de relations que nous décidons d'établir entre nous. Lorsque Jésus de Nazareth *remercie son Père d'avoir révélé ça aux petits*, c'est avant tout de cela dont il se réjouit : les petits se reconnaissent dans un Dieu-Père qui veut avant tout le respect de leur dignité et leur participation à part entière dans la société. Par le fait même, ils retrouvent intérieurement la force de se lever, de marcher, de voir, d'entendre et de parler pour prendre leur place dans cet univers de relations qu'est la société.

Le Notre Père (Mt 6,9-13)

Nous ne pouvons terminer ce chapitre sans dire quelques mots sur la prière que Jésus de Nazareth nous a apprise. Et si j'ai choisi de la traiter en dernier, c'est qu'il me semble qu'on ne peut comprendre cette prière sans d'abord avoir tenté d'esquisser les traits du Père dont Jésus de Nazareth nous parle.

Après avoir pris soin de rappeler à ses disciples que Dieu, leur Père, sait déjà ce dont ils ont besoin, et qu'il n'est pas nécessaire de prononcer un grand nombre de paroles, en s'imaginant que Dieu les écoutera s'ils parlent beaucoup, Jésus leur suggère comment prier :

> Notre Père qui est dans les cieux, que la sainteté de ton nom soit reconnue ; que ton Règne vienne ; que ta volonté soit faite sur la terre comme elle l'est dans le ciel. Donne-nous aujourd'hui la nourriture nécessaire. Pardonne-nous le mal que nous avons commis, comme nous pardonnons à ceux qui nous ont fait du mal. Et ne nous expose pas à la tentation, mais délivre-nous du Mauvais.

Les cinq textes cités précédemment aident chacun à leur façon à comprendre comment cette prière qu'est le *Notre Père* nous renvoie constamment sur le terrain de nos relations.

Le père de l'enfant prodigue, en nous accueillant et en nous redonnant notre dignité et notre statut de fils et de fille, nous invite à transformer notre propre regard face à nous-même pour qu'ensuite il nous soit possible d'aller à la rencontre des autres dans un rapport fraternel. Le Dieu-Père qui nous invite à risquer la confiance nous convie à nous préoccuper du Royaume et à nous engager à jeter les bases de relations de confiance entre nous. Par l'amour des ennemis, par le don fait aux pauvres, par la prière et par le jeûne, le Dieu-Père nous *ré-compense* en nous permettant de rétablir l'équilibre dans nos relations brisées ou blessées.

Le Dieu du Royaume à préparer nous apprend que nous serons les héritiers d'un Royaume de relations que nous aurons contribué à construire. Et finalement, le Dieu-Père révèle aux petits leur dignité de fils et de fille qui leur confère une place dans l'univers des relations fraternelles à créer.

« Notre Père... »

Dès le premier mot de la prière que Jésus nous apprend, nous sommes placés dans une dynamique collective où la relation filiale avec le Père s'exprime par une reconnaissance d'un même Père et par une relation fraternelle entre nous. Le Dieu que Jésus nous propose ne peut être le Père exclusif d'une personne. Il n'a pas dit *mon* Père.

Ce Dieu ne tolère pas non plus une prière qui ne s'adresserait qu'à Lui dans une relation qui exclurait les exigences qu'elle comporte au niveau des relations entre nous. Celui ou celle qui choisit d'entrer en relation avec le Dieu de Jésus de Nazareth doit être conscient qu'il se joint à d'autres qui ont fait le même choix et qui se reconnaissent dans une filiation commune qui leur fait dire « *Notre* Père ». Par conséquent, ses relations avec les hommes et les femmes qui l'entourent devraient en être nécessairement transformées puisque ceux-ci devraient être considérés comme des frères et des sœurs.

« ... que la sainteté de ton nom soit reconnue... »

Voilà une petite phrase répétée à profusion mais dont le sens ne s'impose pas spontanément à l'esprit. Selon le dictionnaire, lorsqu'elle se dit de Dieu, la sainteté réfère à la perfection. Or la dialectique perfection-imperfection ne nous a jamais vraiment servis. Nous n'avons que faire de la perfection de Dieu tellement elle marque la distance entre son état et le nôtre qui, on ne le sait que trop, est d'imperfection. Cet écart peut paraître tellement vaste que le poids de nos limites et de notre imperfection peut devenir écrasant. Et on l'a vu précédemment, le Dieu-Père proposé par Jésus est préoccupé de nous faire prendre conscience de notre dignité et de notre potentiel de relations, et non de relations qui étouffent.

Mais lorsque Dieu a pour nom *Père*, nous transportant dans une relation amoureuse avec Lui ; lorsque c'est ce nom qui est qualifié de *saint*, conférant par le fait même à cette relation un caractère de perfection, en ce que l'amour de ce Père nous est, et nous sera constamment et toujours, réoffert et redonné, cette petite phrase commence à prendre une tout autre dimension.

Répété inlassablement, sans prise de conscience de ses implications, le *Notre Père* peut devenir rapidement une prière morne et taciturne. Prier pour que soit reconnue la sainteté du nom de *Père* implique deux niveaux de *reconnaissance*. D'abord celui de la *reconnaissance* de la relation Père-fils ou Père-fille à laquelle nous adhérons, et qui, nécessairement, a comme conséquence de nous identifier chacun et chacune comme des frères et des sœurs, et de nous traiter comme tels. Et dans un deuxième temps, celui de la *reconnaissance* de savoir que cet amour avec le *Père* ne s'épuisera jamais, et qu'il sera toujours là pour réalimenter et faire revivre nos amours humaines fatiguées, et parfois épuisées.

Prier ensemble pour que *la sainteté de son nom de Père soit reconnue,* ce n'est pas qu'une reconnaissance du bout des lèvres. C'est, ensemble, *reconnaître* et nous affirmer à nous-mêmes notre fraternité. C'est déclarer, devant et avec tous, notre détermination à faire en sorte que nos rapports entre nous et notre rapport au matériel soient l'expression de cette fraternité. Rien de moins. C'est dans la mesure où la relation à Dieu vient servir la qualité de nos relations humaines que ce Dieu a sa pertinence. Et je crois que le Dieu-Père proposé par Jésus peut rendre ce service.

> *« ... que ton Règne vienne, que ta volonté soit faite sur la terre comme elle l'est dans le ciel... »*

En appeler du Règne et de la volonté du Père, ce n'est pas nous décharger de nos responsabilités en souhaitant qu'une force extérieure vienne, comme par magie, compenser notre impuissance. Encore une fois, la *reconnaissance* y joue un rôle central. Le Règne et la volonté du Père ne nous intéressent que dans la mesure où ils rencontrent nos propres désirs et notre propre volonté. Si nous percevons que la voie qui mène au bonheur se situe dans la qualité des relations que nous décidons d'établir entre nous, et si nous *reconnaissons* que, là aussi, se situent le Règne et la volonté du Père, notre prière ne sera plus une fuite, mais un acte libre par lequel nous choisissons de nous approprier la volonté du Père, étant donné qu'elle répond aux aspirations que nous portons au plus profond de nous-mêmes.

En nous redisant « que ton Règne vienne, que ta volonté soit faite », non seulement nos propres désirs et notre propre volonté s'en trouvent-ils réaffirmés et fortifiés, mais il s'agit là d'une façon privilégiée de nous redire entre nous que nous partageons cet objectif commun, et qu'en tant que frères et sœurs enfants d'un même Père, nous comptons les uns sur les autres pour y parvenir.

C'est une chose de souhaiter des relations basées sur l'amour, le respect, la compassion, l'équité. C'en est une autre de nous engager individuellement et collectivement à mettre en place les conditions qui favoriseront l'avènement de telles relations, et qui feraient en sorte qu'un tel souhait ne se limite pas à n'être qu'un vœu pieux.

Faut-il que ce désir partagé de telles relations entre nous se manifeste nécessairement sous forme de prière ? Peut-être pas. Mais l'histoire et nos expériences réciproques n'ont cessé de nous rappeler l'immense défi que constitue l'instauration de relations fraternelles dans nos propres familles, avec nos voisins ou entre les peuples. Est-il si insensé de penser que lorsque des hommes et des femmes reconnaissent un Dieu qui soit un Père qui ne cesse de leur offir son amour, et lorsque, dans une prière commune, ils s'abreuvent à cet amour pour alimenter leurs propres capacités de s'aimer, est-il si insensé de penser qu'une telle prière contribue à faire en sorte que le défi de telles relations soit relevé avec une certaine efficacité ?

« *Donne-nous aujourd'hui la nourriture nécessaire...* »

Nous l'avons déjà dit : si le Dieu que Jésus de Nazareth nous propose veut être crédible, il se doit d'être un Dieu de vie. Or pour que la vie soit possible, il ne peut faire l'économie des besoins de base qui sont les nôtres. À ce sujet, la nourriture est incontournable.

Cette petite phrase dans la prière que Jésus nous apprend nous interdit de penser que le Dieu qu'il nous présente cherche à nous rencontrer dans une quelconque sphère spirituelle qui se situerait en confrontation avec tout ce qui est charnel ou matériel. Pendant de nombreux siècles, la vie chrétienne nous a été présentée comme si elle devait se vivre dans une tension continuelle entre le spirituel et le matériel. Cela mène à une impasse puisque dans notre intégrité même, nous sommes de chair et d'esprit.

Qui niera que la carence de nourriture chez l'enfant n'affecte pas seulement son développement physique, mais compromet aussi son développement psychique et affectif? Le corps, l'esprit et le cœur forment un tout en continuelle interaction. On le sait trop, une peine d'amour ou un deuil peuvent avoir des conséquences psychiques et physiques sérieuses. Nous sommes de chair et d'esprit, de matériel et de spirituel.

Notre rapport au matériel est le prolongement de notre spiritualité réelle. Il en est l'expression. Des tapes dans le dos ne suffisent pas à créer une fraternité et une amitié. Celles-ci se façonnent à travers le pain, le vêtement, le toit, les tâches, l'emploi partagés, qui expriment la reconnaissance et l'importance de la dignité de l'autre. Trop souvent, chez les chrétiens, on entend parler du matériel avec mépris. D'ailleurs, ceux qui en parlent ainsi sont souvent ceux qui sont assurés de leur bien-être matériel. Il nous faut redonner au matériel toute sa noblesse, car il est le passage obligé où se fabrique toute fraternité.

Il y a des spiritualités qui proposent de limiter ou de contrôler les besoins du corps pour mieux s'« élever » vers une plus grande liberté d'esprit. Le Dieu-Père proposé par Jésus vient au contraire nous rencontrer dans l'unicité de ce que nous sommes. Et la nourriture nécessaire fait partie de l'ensemble des besoins de tout notre être.

On s'étonnera peut-être de retrouver cette demande de nourriture dans la prière que Jésus nous apprend, puisqu'il nous a parlé d'un Dieu qui connaît déjà nos besoins, et qu'il nous invitait à ne pas *nous* inquiéter du lendemain, dans la mesure où *nous nous préoccupions du Royaume.* Comment se fait-il qu'après avoir souhaité *la reconnaissance de la sainteté du nom de Père,* qu'après avoir manifesté notre désir de voir *venir le Règne* de ce même Père et de voir réalisée *sa volonté,* Jésus sente le besoin de nous faire prier pour que la nourriture nécessaire nous soit accordée ?

Se peut-il que le Dieu dont Jésus fait l'expérience soit un Dieu d'abondance, et qu'il soupçonne qu'il y a de fortes chances que la nourriture accordée soit beaucoup plus considérable que le strict nécessaire ? Se peut-il qu'en nous faisant prier ensemble un même Père, il nous renvoie à notre identité fraternelle, et que, par le fait même, il souhaite que nous soyons confrontés à nos responsabilités de répartir la nourriture octroyée selon les besoins de chacun ?

Jésus a parlé de nourriture. Il aurait pu parler de vêtements, de logement, de médicaments, bref de tout bien ou richesse *nécessaire.* Il y a quelque chose d'incohérent, et même d'indécent, dans le fait de se rassembler dans un même lieu, à prier le même Père pour que nous soit accordé le nécessaire, sans même nous réunir parfois pour tenter de discerner ce qui relève du nécessaire, et pour trouver des façons d'aider nos frères et sœurs qui en sont privés. Trop souvent, cette prière ne se fait que du bout des lèvres sans prise de conscience de ce qu'elle implique. Comment se fait-il que le *Notre Père* soit surtout récité dans les pays riches ?

La prière n'est et ne sera jamais un moyen de nous décharger de nos responsabilités pour croire faire exécuter par Dieu ce qui relève de notre pouvoir. La prière est cette disponibilité de cœur et d'esprit, décidée librement, qui permet de nous brancher à la source de ce qui alimente et crée des relations épanouissantes et libératrices, l'Amour, pour mieux préparer et orienter l'action à venir. En ce sens, en agissant au niveau des motivations premières de ce qui nous fait avancer, et en nous arrimant à une volonté commune, la prière fortifie notre propre détermination, et provoque l'audace et le courage de l'action. Mais si nous croyons être dispensés de l'action par la prière, nous donnerons raison à tous ceux et celles qui pensent que notre foi relève plutôt de l'opium.

« Pardonne-nous nos offenses
comme nous pardonnons... »

Dans nos relations humaines, et surtout dans celles où l'amitié s'est faite plus intense, contrairement à ce que l'on pourrait croire, le pardon est tellement difficile que je me suis souvent demandé pourquoi Jésus n'avait pas formulé sa prière de la façon suivante : « Aide-nous à pardonner, comme toi tu nous pardonnes. » Si cela avait été dit de cette façon, il me semble que cela aurait exprimé l'intention première de pardonner, en misant sur notre conviction du pardon toujours redonné du Père, mais en tenant compte de nos fatigues et de nos impuissances qui font que notre volonté réelle de pardonner apparaît souvent bien chétive. Devant notre incapacité de pardonner, une telle prière reconnaîtrait notre impuissance et viendrait demander l'aide nécessaire.

Mais ce ne sont pas les mots que Jésus a retenus. Il a bien dit : « Pardonne-nous... comme nous pardonnons... » Non seulement nous demandons à Dieu de nous pardonner, ce que, en fait, nous devrions tenir pour acquis, mais c'est notre action de pardonner qui devient la mesure du pardon du Père envers nous. Du mot « comme », le dictionnaire donne la définition suivante : « de la même manière que, au même degré que ».

Il faut se rappeler que Jésus émane d'une société où régnait la loi du talion, ce châtiment qui consistait à infliger au coupable le châtiment même qu'il avait fait subir à sa victime. « Œil pour œil, dent pour dent. » Il présentait alors un Dieu qui renversait cette façon de faire, et qui, au cœur même de nos relations, en appelait plutôt au pardon. C'était audacieux à l'époque, et ce l'est encore aujourd'hui puisque, pour plusieurs d'entre nous, cette invitation au pardon relève plutôt de la naïveté ou d'un grand idéalisme. Pourtant, c'est la voie incontournable pour nous *reconnaître* frères et sœurs et pour rétablir entre nous des relations qui soient conséquentes.

Mais Jésus va plus loin. Il nous rappelle qu'il est illusoire de croire être pardonné par le Père si, dans un même temps, nous ne décidons pas de pratiquer le pardon. Et cela fait sens. Ce que le Père désire au plus haut point, c'est la venue de son Règne, de son Royaume, c'est-à-dire une terre de justice et de fraternité. Tout ce qui peut L'offenser, ce sont les blessures que les hommes et les femmes se font entre eux et qui retardent l'avènement d'un temps où ses enfants seront respectés et heureux. Ce ne sont pas des blessures que nous aurions faites spécifiquement à Dieu dans un rapport seul à seul avec lui. Toujours, l'offense au Dieu de Jésus-Christ est avant tout une offense que les hommes et les femmes se font.

Dans ce contexte, le pardon de Dieu n'a pour seul but que de rétablir les relations blessées ou brisées entre ceux et celles qu'Il considère comme ses enfants, et ce pardon doit, par conséquent, s'incarner par celui que ceux-ci pratiqueront entre eux. Il peut être facile de faire dire à Dieu qu'Il nous a pardonné, en se rappelant que toute parole de Dieu est nécessairement une parole humaine. Mais ce que Jésus nous apprend, c'est que le pardon du Père doit trouver son expression et son prolongement dans la décision libre que nous prendrons de faire habiter le pardon dans nos relations.

Nous l'avons vu dans la parabole de l'enfant prodigue, le grand défi que nous pose le pardon du Père, c'est d'arriver à nous pardonner nous-mêmes, condition première pour aller à la rencontre de l'autre et pour concrétiser notre désir de pardonner. D'aucuns croient que nous n'avons pas vraiment d'intérêt à pardonner. Au contraire, le but recherché par le pardon est toujours un état de bien-être, avec soi-même d'abord, et avec les autres ensuite. Le pardon libère du ressentiment, de l'hostilité, de la rancœur, de l'aversion, tous ces sentiments qui nous rongent de l'intérieur, qui nous empêchent d'avoir la paix intérieure, et qui compromettent nos capacités d'entrer en relation.

Jésus nous présente un Dieu qui a vu juste lorsqu'Il nous invite au pardon. Si nous ne voulons pas que cette

Terre soit une foire d'empoigne, une terre de haine, de guerre, de règlements de compte, d'individualisme, le pardon reçu et donné est une condition à l'avènement d'un Royaume de fraternité.

« *... Ne nous expose pas à la tentation...* »

Je me suis toujours demandé ce que pouvait vouloir dire Jésus lorsqu'il parlait de *la tentation*. La tentation de quoi ? Et pourquoi *la* tentation et non *les* tentations ? En méditant sur le Dieu qu'il nous présente, comme un Père nous invitant à prendre conscience que la seule voie du bonheur et de la liberté se situe dans la qualité de nos relations, j'ai compris que la seule tentation est celle de désespérer de nos relations humaines.

Lorsqu'on est témoin de guerres qui recommencent ici et là à travers le globe, dans toute leur atrocité, comme si nous ne savions pas apprendre des leçons de l'histoire ; quand on voit des couples s'entredéchirer après s'être aimés et avoir fait des enfants, et aller même jusqu'à les utiliser pour régler leurs différends ; lorsque les conflits et les querelles de pouvoir s'installent jusque dans les groupes communautaires qui ont pour mission de construire des ponts et des solidarités ; lorsque se rompent des amitiés que l'on croyait basées sur des valeurs profondes et que l'on croyait indéfectibles ; lorsque nos liens se tendent dans nos propres familles, n'est-ce pas que nous sommes *tentés* de désespérer des humains que nous sommes ?

Voilà, il me semble, la grande tentation qui nous guette. Celle de ne plus nous trouver assez dignes pour croire en la possibilité de relations de confiance à établir entre nous. Et être exposé à cette tentation, c'est déjà risquer d'y succomber.

Il en va du Dieu-Père ou Mère que Jésus nous propose comme de tout parent. Le sperme ou l'ovule qui ont servi à concevoir l'enfant ne suffisent pas à créer et à englober toute la parentalité. Celle-ci se joue dans cette présence amoureuse toujours offerte, au quotidien, et qui permet à l'enfant de se sentir assez aimé pour construire ses propres capacités d'aimer. Et cela jusqu'au point d'arriver à aimer son frère ou sa sœur qu'il aurait volontiers envoyé paître quelques minutes plus tôt.

On le sait, nos amitiés adultes prennent beaucoup plus de temps à se rétablir ou à se cicatriser que celles des enfants. N'a-t-il pas sa pertinence, ce Dieu qui nous renvoie constamment à nos relations en nous rappelant que c'est là le seul chemin vers la paix intérieure ? Est-il si insensé de penser que, pour réalimenter nos amours asséchées, ce Dieu vient même nous abreuver de son amour inépuisable ? Le fait d'y croire relève-t-il de la pure naïveté ?

« ... Mais délivre-nous du Mauvais... »

« C'est l'enfer ! » L'expression a tellement été utilisée à toutes les sauces que l'enfer ne réfère plus aux images apocalyptiques que les plus de quarante ans ont appris à s'en faire. Pour certains, la moindre petite contrariété devient infernale. L'« enfer » apparaît lorsque nous sommes momentanément dépassés par les événements et lorsque nous nous sentons dépouillés de tout pouvoir. Généralement, la situation se replace et ce que l'on croyait être l'enfer s'est avéré être un nuage ou une tempête passagère.

Mais l'enfer, le vrai, avec toutes ses souffrances, ses atrocités et ses cruautés, existe. Il y a des personnes et des peuples qui le vivent. Parlez-en aux Kosovars et aux Serbes, aux Hutus et Tutsis au Rwanda, où vos propres voisins ont massacré vos parents, vos frères et sœurs, vos enfants. Parlez-en à ce junkie qui, entre deux seringues, se promène de bas-fonds en bas-fonds, désespérant du jour où il pourra se prendre en charge et retrouver la fierté. Parlez-en à toutes les personnes qui ont à subir, de différentes façons, l'isolement et l'exclusion.

L'enfer, c'est le Mauvais. C'est le mal, le malheur. Bref, le contraire de ce qui est bon. C'est là où l'on a désespéré de relations de fraternité et de solidarité. Et un tel désespoir mène à la mort, à petit feu ou à grand feu.

Il y a une évolution dans la prière que Jésus nous propose. *Pardonne-nous nos offenses...* pour que soient maintenus ouverts et dégagés les chemins de liberté que sont nos relations. *Ne nous expose pas à la tentation...* à la tentation de désespérer lorsque nous pressentons que nos capacités de pardonner nous échappent ou que les raisons de le faire se font absentes. Mais qu'arrive-t-il lorsque le désespoir finit par s'installer en la demeure?

Délivre-nous... Selon le dictionnaire, « délivrer » veut dire « rendre libre ». Cela signifie que lorsque nous avons succombé à la tentation, lorsque nous avons été vaincus par cette désespérance, nous sommes rendus esclaves, prisonniers. Prisonniers de la haine qui nous appelle à la vengeance et qui nous pousse à commettre des gestes où ces dernières s'alimentent d'elles-mêmes. Prisonniers de l'absence d'estime de soi qui mène à l'humiliation, à la destruction de soi ou à la révolte. Prisonniers d'un sentiment de méfiance continuelle qui interdit de créer des ponts, de tendre les bras, d'ouvrir des fenêtres, et qui fait vivre dans la crainte, la peur et l'angoisse.

Une telle prison appelle une délivrance, une libération, pour que soient réouverts les chemins qui mènent à une paix intérieure et au bonheur. Mais cette libération, comme tout affranchissement, ne vient jamais seule. Il nous faut quelqu'un qui nous aide à ouvrir la porte de notre prison, ou qui nous procure les outils pour en scier les barreaux. Curieusement, paradoxalement, la libération de notre esclavage de ne plus croire en l'autre viendra nécessairement de l'autre.

Cet autre, ce peut être ce Dieu-Père qui nous rappelle qu'il est illusoire de croire en Lui si nous ne réapprenons pas à croire en nos frères et sœurs. Cet autre, ce sera celui ou celle qui, par son regard de confiance et d'empathie sur moi, me délivre de ma propre perception de moi-même qui me croyais indigne d'une telle tendresse ou incapable de tel projet. L'autre, ce sera celui ou celle qui m'aidera à me libérer des sentiments de méfiance, de soupçon et de haine qui m'habitent, pour rebâtir les conditions de la paix, de la confiance, de l'interdépendance.

Bref, prier un Dieu-Père en l'invitant à nous *délivrer du Mauvais,* c'est le prier de nous libérer du sentiment que nous avons que les hommes et les femmes ne sont plus assez dignes d'être considérés comme des frères et des sœurs. Car c'est alors que la porte est ouverte à toutes les atrocités et tous les esclavages possibles.

C'est alors aussi que, si nous ne reconnaissons plus nos frères et nos sœurs, nous ne pourrons reconnaître un Dieu qui soit Père et qui vienne servir notre libération.

Une relation qui nous fabrique?

En reprenant quelques passages où Jésus de Nazareth parlait du Dieu dont il a fait l'expérience, j'ai tenté de relever en quoi ce Dieu paternel (et non paternaliste) pourrait encore être pertinent pour aujourd'hui, et comment il pourrait nous aider à vivre passionnément. En nous invitant à relever le défi de la confiance en nous et entre nous; en nous proposant d'adhérer à ce projet de faire de cette terre un Royaume de justice et de fraternité, comme chemin vers le bonheur, j'ai la conviction que ce Dieu est porteur de sens pour aujourd'hui.

Mais peut-on prendre toute la mesure de sa pertinence sans aller voir en quoi une relation avec Lui peut transformer nos vies? Ce Dieu dont nous parle Jésus de Nazareth n'est-il qu'un beau concept théorique qui apaiserait nos intelligences assoiffées de comprendre, mais sans plus de liens avec le vécu?

On l'a vu dans le premier chapitre, toute parole de Dieu et sur Dieu est nécessairement une parole humaine, en ce qu'elle est le fruit d'une expérience religieuse. Cela signifie qu'aucun Dieu ne peut assurer par lui-même sa propre crédibilité. Il doit passer par des hommes et des femmes qui, par leurs paroles, mais surtout par leurs façons de vivre, témoigneront de la pertinence du Dieu auquel ils croient. En ce sens, il n'y a pas de Dieu séduisant sans d'abord des hommes et des femmes séduisants. Il n'y a pas de Dieu crédible sans d'abord des hommes et des femmes crédibles lorsqu'ils en parlent.

Deux mille ans plus tard, nous ne parlerions plus du Dieu de Jésus si nous n'avions pas été d'abord interpellés par la personne de Jésus elle-même. Ce qui nous fascine chez cet homme, c'est la liberté et le sens de la justice, de la tendresse et de la compassion qui l'habitent. Ce qui nous intéresse, c'est de savoir comment il a pu atteindre une telle qualité d'humanité et une telle liberté qui ont fait qu'à travers les siècles, des millions d'hommes et de femmes y ont vu un passage vers l'accomplissement de leur propre humanité.

Se peut-il que le fait que Jésus ait décidé librement d'entretenir une relation avec le Dieu qu'il nous a fait connaître ait pu contribuer à transformer sa propre vie ? Tout comme nos relations concourent à façonner les êtres que nous sommes, se peut-il que ce Dieu-Père ait pu participer à produire un homme de la qualité de Jésus de Nazareth ?

Non seulement j'aime à le croire, mais j'en ai la conviction. Cette question n'est pas inutile en ce début de troisième millénaire. La réponse que nous y apporterons décidera si Jésus et le Dieu qu'il nous propose peuvent donner sens à nos vies, et si nous pouvons y voir un chemin accessible vers notre propre bonheur et vers notre propre libération.

3

Jésus de Nazareth

En abordant ce chapitre, je n'ai pu m'empêcher de penser aux millions de pages qui ont été écrites à travers l'histoire sur cet homme qui ne nous a rien laissé d'écrit. Lui qui n'a jamais été reconnu à son époque comme un grand chef religieux ou politique; lui dont la sagesse n'avait pas dépassé de son vivant le cercle restreint de ses disciples et amis; lui qu'on a torturé et assassiné, voilà donc qu'on en parle encore 2000 ans plus tard!

Après tant d'années où tant de gens de différentes époques et de diverses cultures ont reconnu dans la façon d'être et dans le message de Jésus de Nazareth une voie vers leur propre bonheur, peut-il en être ainsi pour nous, au point que cela vaille encore la peine d'en parler?

Même si le Québec se bâtit de plus en plus avec l'apport de diverses cultures, la grande majorité de sa population a grandi dans la culture de tradition chrétienne. Jésus de Nazareth nous a alors été présenté dans une sorte de « package deal » qui comprenait des dogmes, des rites, des enseignements, une Église-institution avec sa structure et son mode de fonctionnement, et où il n'était pas facile de distinguer l'essentiel de l'accessoire. Plusieurs d'entre nous avons décroché devant ce que nous percevions comme une absence de sens de l'héritage reçu, et surtout devant l'impossibilité de le questionner et de le discuter.

Mais le rejet de ce qui ne fait pas sens ne suffit pas à assouvir la quête de sens qui nous habite. Le vide demeure. Comme dans tout héritage, est-il possible de faire le ménage pour conserver ce qui nous est cher et ce qui nous fait vivre, et pour nous libérer de ce qui est encombrant et inutile ?

Cela ne signifie pas que nous devons choisir uniquement ce qui fait notre affaire. Mais cela nous invite à aller à l'*essence*, à ce qui fait *sens*.

Il me semble important, pour faire cet exercice, de nous rappeler et de tenir compte de la culture dans laquelle nous sommes. Dans un petit livre intitulé *Évangéliser dans le Québec d'aujourd'hui*, des évêques québécois nous rappellent l'importance de tenir compte de la culture d'aujourd'hui. Cette culture est scientifique et valorise l'esprit d'analyse et la cohérence. Cette culture accorde aussi de l'importance à la démocratie, à la participation, et n'accepte plus de se faire dicter quoi penser sans l'avoir passé au crible de sa conscience et de son intelligence. Cela signifie que notre manière de parler de Jésus de Nazareth ne pourra plus se faire de la même façon qu'auparavant, et devra en tenir compte.

S'il est à l'honneur des évêques de rappeler le défi de l'inculturation de l'Évangile, d'avoir à annoncer celui-ci pour qu'il fasse sens et soit crédible pour la culture d'aujourd'hui, les hommes d'Église sont-ils prêts à se départir quelque peu du pouvoir qu'ils ont sur l'interprétation des textes bibliques, à promouvoir la démocratisation de la prise de parole sur Dieu, et à favoriser ainsi le débat et la recherche de sens?

L'enjeu ici n'appelle pas qu'un changement de vocabulaire ou qu'une variation des formes d'expression de la foi. Se peut-il que l'inculturation nous amène à revoir notre propre conception du message chrétien?

Étant le produit de la culture d'aujourd'hui, ma perception du Nazaréen pourra peut-être questionner une part d'enseignement que plusieurs d'entre nous avons reçue. Mais se peut-il qu'elle contribue à ajouter de la crédibilité à cet homme et, par le fait même, à donner le goût de s'en rapprocher, de telle sorte que notre propre vie s'en trouve transformée?

Je ne vous cacherai pas que c'est l'objectif que je poursuis, et que, malgré deux mille ans qui nous séparent, je suis profondément attaché à cet homme. Pour qu'un Dieu soit crédible lorsqu'il prétend servir notre quête de bonheur et de liberté, il faut que la personne qui nous le présente puisse témoigner, par ses paroles et ses actes, de ce bonheur et de cette liberté. La crédibilité du Dieu qu'il nous propose dépend de la crédibilité même de Jésus de Nazareth. C'est celle-ci que je veux scruter dans ce chapitre.

« *Et vous, qui dites-vous que je suis?* »

Un jour que Jésus interrogeait ses disciples pour savoir ce que les gens pouvaient dire à son sujet, les apôtres lui répondirent: «Certains disent que tu es Jean-Baptiste, d'autres que tu es Élie, et d'autres encore que tu es l'un des prophètes. » Et Jésus leur renvoya la question : « Mais vous, qui dites-vous que je suis ? » (*Mt* 16,13-15)

Il est intéressant ici de prendre note que, comme tout être humain, Jésus se préoccupe de son image et de ce qu'il représente auprès de ses contemporains. Tout comme nous, en tant qu'homme, il a besoin d'être aimé et d'être *reconnu*. Son message se veut libérateur mais il ne fait pas l'unanimité. Il confronte ceux qui font obstacle à cette libération, les grands prêtres, les maîtres de la Loi, les pharisiens. Bref, tous ceux qui sont reconnus dans sa société comme ayant la science et le pouvoir sur les questions de Dieu. On ne remet pas en question impunément ceux qui détiennent la science et le pouvoir.

Jésus a donc besoin d'aller vérifier auprès de ses disciples ce qu'il représente pour la population d'abord, mais surtout ce qu'il représente auprès d'eux. La mesure avec laquelle ils adhéreront à son message et à sa personne contribuera à fortifier Jésus dans sa conviction profonde de la pertinence de ce qu'il a à dire pour le bonheur de ses contemporains.

« Qui dites-vous que je suis ? » Si la question se posait du temps de Jésus, elle a hanté toutes les générations depuis 2000 ans. Et encore aujourd'hui, elle nous interpelle. Dans notre quête de sens, c'est à nous maintenant qu'elle s'adresse. Et la réponse que nous y apporterons influencera la perception que nous aurons de la pertinence du Dieu qu'il nous présente.

Un homme ou un Dieu ?

De son vivant, Jésus de Nazareth s'est toujours distingué du Dieu qu'il appelait son Père. En *Luc* 18,18, il a été très clair. Au chef juif qui l'interpelle en l'appelant « Bon maître », il tient à mettre les choses au clair. « Pourquoi m'appelles-tu bon ? Personne n'est bon si ce n'est Dieu seul. » Et lui, en tant qu'homme, se refuse à s'attribuer des qualificatifs qu'il croit relever de Dieu.

Cela n'a pas empêché les chrétiens, dans les premiers siècles de leur histoire, de faire le débat sur la divinité de Jésus. Un débat théorique, s'il en est un, dont la conclusion n'est et ne sera jamais prouvable, et qui a eu comme triste conséquence de provoquer les premiers schismes entre chrétiens. Schismes qui ne mènent souvent qu'à déterminer qui s'arroge le pouvoir de décréter qui est hérétique ou non et, par conséquent, qui a la vérité ou non.

Loin de moi la volonté de relancer ce type de débat. Mais à cause de la crédibilité recherchée chez Jésus de Nazareth, il m'apparaît important d'aborder cette question. La tradition chrétienne veut qu'il soit pleinement homme et pleinement Dieu. Mais peut-on maintenir chez une même personne ces deux identités sans fausser le « pleinement homme » ? Quel est ce « plus » ou ce « différent » qui se rajoute, lorsqu'on sent le besoin de faire de Jésus un Dieu, et qui ferait qu'il n'est plus, en réalité, « pleinement homme » ? S'il faut tenir compte de la culture scientifique dans laquelle nous sommes, il faudra peut-être nous questionner sur la cohérence d'une telle présentation de Jésus. Mais là n'est pas l'enjeu le plus important.

Ce qui m'intéresse, et ce qui fait la force de la tradition chrétienne, c'est la reconnaissance de la pleine humanité de Jésus, car la crédibilité même du Dieu qu'il nous propose en dépend. Non seulement cela respecte-t-il un Dieu qui a choisi de se laisser découvrir dans l'histoire par des hommes et des femmes en quête de sens. Non seulement cela ajoute-t-il de la crédibilité à Jésus qui a dû, en tous points, se démêler avec ses propres questions de sens et se débattre avec les difficultés de la vie qui sont les nôtres. Mais il me semble que cela respecte aussi notre propre dynamique historique qui est exempte de tout pouvoir surnaturel ou magique, et qui fait que les pouvoirs de Jésus ne sont autres que ceux que son éducation et ses relations lui ont permis d'acquérir, et ceux que ses contemporains ont bien voulu lui reconnaître. Il me semble que c'est aussi lui accorder, comme à nous tous, le droit à ses propres impuissances, à ses propres fragilités, à ses propres sentiments d'incertitude ou d'abandon.

Affirmer sa pleine humanité, c'est accepter qu'il ait été soumis aux mêmes lois physiques et chimiques que nous ; c'est admettre que, comme tous les enfants du monde, il a vécu la tension entre le bien et le mal, et qu'il a dû faire l'apprentissage de la vie en société et de sa propre liberté ; c'est reconnaître qu'il a été le produit d'une culture précise à une époque donnée, et que sa perception de Dieu s'est forgée à partir de celle de ses ancêtres, et au creux même de son expérience de vie qui est unique, tout comme chacune de nos vies. Se peut-il qu'affirmer sa pleine humanité nous amène à reconnaître qu'il n'est pas parfait, et qu'il nous est possible de questionner des éléments de son message, tout en adhérant à l'ensemble de celui-ci ?

Comme tous les disciples d'un maître spirituel, les chrétiens n'ont retenu que les paroles et les gestes de Jésus qui leur paraissaient pouvoir les aider à vivre et traduire l'importance qu'il représentait pour eux. Ils se sont dispensés d'y inclure des comportements et des attitudes qui feraient ombrage à sa crédibilité et qui affaibliraient la vérité qui se dégagerait de son enseignement et de son action. Mais justement, personne ne naît avec la vérité. Et la crédibilité se forge au fur et à mesure que se fait la vérité. Il a fallu que Jésus lui-même fasse ses propres découvertes et ses propres prises de conscience au fur et à mesure de ses expériences de vie pour qu'ensuite des hommes et des femmes dégagent dans l'Évangile ce qui se *vérifie*, ce qui se *fait vrai*.

Prenons un exemple. Il n'est pas innocent que ce soit seulement vers la fin de sa vie, à la veille de son dernier repas avec ses amis, que, dans un geste symbolique pour rappeler qu'il est venu pour servir et non pour être servi (*Jn* 13,1s.), Jésus lave les pieds de ses disciples en les invitant à faire de même entre eux. En leur disant bien : « Vous serez heureux si vous mettez cela en pratique. » Cette prise de conscience du sens du service a-t-elle habité Jésus en permanence, ou bien, après plusieurs années, est-elle le fruit de sa propre expérience et de sa découverte qu'elle participe à son propre bonheur ?

Si Jésus avait eu cette prise de conscience auparavant, sa rencontre avec ses amies Marthe et Marie (*Lc* 10,38s.) se serait-elle passée ainsi ? On se rappellera que pendant que sa sœur Marie est assise aux pieds de Jésus pour écouter son enseignement, Marthe « était très affairée aux nombreux travaux du ménage ». Impatiente, elle demande à Jésus d'inviter sa sœur à venir l'aider. Jésus lui répond alors : « Marthe, Marthe, tu t'inquiètes et tu t'agites pour beaucoup de choses, mais une seule est nécessaire. Marie a choisi la meilleure part, qui ne lui sera pas enlevée. »

On ne connaîtra jamais la mesure exacte du rôle que ce passage biblique a joué dans la perception que nous avons de la valeur du travail humble et nécessaire de tout ce qui se rapporte au « ménage », et qui encore, deux mille ans plus tard, n'est pas reconnu socialement. Il nous sera toujours impossible de savoir le prix qu'ont payé des millions de personnes, en très grande majorité des femmes, face à cette hiérarchisation des tâches, et à qui l'on destinait celles qui se situaient au bas de l'échelle. On ne connaîtra pas non plus le nombre de personnes, en très grande majorité des hommes, et souvent des gens du clergé eux-mêmes, qui se sont servis de ce passage pour s'autoriser des privilèges, en se justifiant « d'avoir choisi la meilleure part ». Pour eux, la quête de Dieu et de son Royaume n'est-elle pas l'activité à prioriser ?

On aura beau essayer de me convaincre des diverses façons d'interpréter ce passage, ce qui m'importe ici, c'est de réaliser que Jésus, comme homme dans une société patriarcale, a un intérêt personnel dans cette façon de poser un jugement de valeur sur les tâches. Comme tous les hommes de son époque et de sa culture, il n'a pas dû mettre beaucoup de temps dans la préparation des repas et dans les tâches ménagères, si nécessaires à la vie, et si pourvoyeuses de vie. Il lui était beaucoup plus valorisant de poursuivre ses activités d'enseignement sur Dieu et sur son Royaume. Et pour cela, il avait besoin d'une audience. Il n'avait donc pas d'intérêt à voir celle-ci réduite par l'affectation de Marie aux tâches ménagères.

Affirmer la pleine humanité de Jésus nous permet-il de voir en lui une personne qui a ses intérêts personnels qui peuvent être légitimes ou qui peuvent parfois prendre le dessus sur ceux des autres ? Cela nous autorise-t-il à lui accorder le droit à une évolution de sa pensée au fil de gestes et de paroles dont la sagesse, au début, pouvait être discutable ?

Regardons sa rencontre avec la Cananéenne (*Mt* 15 ; 21s.), cette non-juive venue lui demander de faire quelque chose pour sa fille qui n'allait pas bien. «Mais Jésus ne répondit pas un mot.» Il l'ignora totalement. Quand on sait dans quelles conditions les femmes étaient traitées à l'époque, ce ne devait pas être la première fois que cette femme faisait l'objet d'une totale indifférence de la part d'un homme.

Surmontant cette attitude de dédain, la femme cria de plus belle. À ses disciples qui en avaient assez de l'entendre et qui lui demandaient de la renvoyer en lui accordant ce qu'elle voulait, Jésus répond : « Je n'ai été envoyé qu'aux brebis perdues d'Israël. » Percevant sa mission dans le prolongement de l'héritage religieux qu'il avait reçu, Jésus avait appris qu'il faisait partie du peuple choisi par Yahvé, le Dieu d'Israël. Sa mission s'adressait donc aux enfants d'Israël.

Alors que la femme a le culot de venir lui barrer le chemin en se jetant à ses genoux, Jésus en rajoute : « Il n'est pas bien de prendre la nourriture des enfants et de la jeter aux chiens. » Quelle conception Jésus de Nazareth entretient-il à ce moment-là sur les gens qui ne font pas partie du peuple d'Israël? Il y a là des relents évidents de racisme. Et si l'on rajoute l'attitude hautaine qu'il manifeste vis-à-vis de la Cananéenne, en tant qu'homme dans une société paternaliste, il fait preuve également de sexisme.

Jésus de Nazareth a été ébranlé par la réponse de cette femme qui lui rappelle que «même les chiens mangent les morceaux qui tombent de la table de leurs maîtres ». En acceptant de lui accorder ce qu'elle désire, il démontre qu'elle l'a amené à réviser sa perception de sa mission et celle du Dieu auquel il croit.

Certaines personnes seront peut-être choquées de me voir insister sur son humanité, ayant l'impression que je le dépossède de ce qui fait sa puissance, sa divinité. Mais justement, le problème, c'est qu'on a fait avec Jésus ce qu'on a fait avec les saints. On les a tellement désincarnés (tout en ne ratant aucune occasion de rappeler les mérites de l'Incarnation), on les a tellement dépouillés des limites, des tensions et des aspirations qui caractérisent toute humanité, qu'ils ne deviennent que des personnes à vénérer et à prier, plutôt que des personnes qui, par leurs choix, sont pour nous des guides sur le chemin de notre propre bonheur. Ce faisant, on a fait de la sainteté soit un lieu qui nous apparaît inaccessible et qui serait le propre de quelques êtres d'exception, soit le lieu d'une vie fade, plate et insipide. Alors que la sainteté devrait ajouter de l'intensité, du mordant et de la passion à la vie, en se reconnaissant avant tout dans la fidélité des efforts investis dans la recherche de son propre bonheur à travers la quête de celui des autres, et tout cela, au cœur même de nos tâtonnements et de nos fatigues.

Insister sur l'humanité de Jésus, c'est lui reconnaître les mêmes conditions que nous et, par le fait même, le rapprocher de nous et le rendre plus crédible. Rappeler sa pleine humanité, c'est réaffirmer que ce qui fait la force réelle de Jésus de Nazareth, c'est qu'au cœur des déterminismes de la condition humaine, il a su traduire dans ses relations humaines la qualité des relations qu'il entretenait avec le Dieu dont il a fait l'expérience. Elle est là, totale, sa force, car la seule raison et la seule pertinence d'une relation à un Dieu, c'est qu'elle contribue à transformer et à libérer nos relations humaines.

Comme tout homme et toute femme, la conception que Jésus se fait de Dieu n'est pas étrangère à son expérience humaine et n'est pas indépendante des conditions dans lesquelles son humanité se déploie. La conscience d'un Dieu paternel, et donc d'une identité filiale, aurait-elle été possible à Jésus s'il n'avait pas été tributaire d'une tradition religieuse qui, à travers ses prophètes et ses ancêtres, a vu évoluer sa conception de Dieu vers un Dieu d'amour qui s'adresse au cœur des hommes et des femmes ?

On ne peut faire l'expérience d'un amour qui nous soit toujours redonné, sans avoir ressenti le bien-être libérateur de l'affection inconditionnelle d'une personne, affection qui nous fait intuitionner cette tension de l'amour vers la durée. La découverte d'un Dieu du pardon aurait-elle été possible si Jésus n'avait pas fait l'expérience d'avoir lui-même été pardonné par des gens qui l'entouraient, et d'avoir ressenti le bien-être et la liberté intérieure que cela procure par rapport à soi et par rapport aux autres ?

Mais de cela, il ne faudrait pas parler, puisque faire l'hypothèse que Jésus ait fait l'expérience du pardon, ce serait admettre que, dans ses relations, il lui est peut-être arrivé d'avoir des choses à se faire pardonner. Non, on est prêt à affirmer haut et fort la pleine humanité de Jésus, mais en le privant de ce qui fait le lot de toute l'humanité, des amours fatiguées, des attitudes ou des comportements qui blessent ou qui ignorent, un cœur qui ne réussit pas toujours à échapper à des sentiments qui cherchent à l'envahir tels que la rancœur, le ressentiment, l'hostilité. Non, les colères et les impatiences de Jésus se doivent d'être de saintes colères et des impatiences nécessairement légitimes et habitées de bonnes intentions !

Ce faisant, non seulement on se refuse de voir la contradiction d'une humanité qui n'en est pas une, mais en situant le caractère exceptionnel de Jésus dans la dispense des contraintes et des asservissements qui sont les nôtres, dans l'attribution de pouvoirs de prévision des événements futurs, ou dans une conscience préétablie de son identité de fils de Dieu qui lui soit exclusive, on ne se rend pas compte qu'on affaiblit la crédibilité de l'expérience humaine de Jésus, et de ce qu'elle peut représenter pour nous comme chemin vers Dieu.

Une mission divine ?

Comment Jésus a-t-il pu faire l'expérience d'une filiation, et comment l'a-t-il interprétée ? Ce qu'il y a de sûr, c'est que cette expérience, il ne se l'approprie pas que pour lui-même. Lorsqu'il nous parle de son Père, les *notre Père* et *votre Père* nous rappellent constamment que nous sommes invités à reconnaître ce Dieu parental et cette filiation qui nous est commune.

Un moment fort de cette prise de conscience de sa filiation fut sans doute lorsque l'évangéliste parle du baptême de Jésus (*Mt* 3,13-17) et de la transfiguration (*Mt* 17,1-5), et où, dans sa façon de raconter cette expérience, il fait entendre une voix venant du ciel : « Celui-ci est mon Fils bien-aimé en qui je mets toute ma joie. Écoutez-le. »

Cette voix du ciel invitait à l'écouter, puisque, comme le disait l'apôtre Simon Pierre à Jésus qui demandait à ses disciples s'ils voulaient le quitter eux aussi : « À qui irions-nous ? Tu as les paroles qui donnent la vie. » (*Jean* 6,67-68)

Trop souvent, l'interprétation de ces passages qui font part de la découverte de cette filiation se limitait à reconnaître à Jésus une mission bien particulière. Mais se peut-il que cette prise de conscience de sa filiation ne réfère pas tant à une mission que Dieu aurait réservée à Jésus qu'à la prise de conscience d'une identité qui ouvre la voie à chaque homme et à chaque femme, et qui fait que cette petite phrase s'adresse à chacun et chacune d'eux ? « Celui-ci ou celle-ci est mon Fils bien-aimé ou ma Fille bien-aimée en qui je mets toute ma joie. Écoutez-le. Écoutez-la. »

La question est profonde, et il vaut la peine de prendre le temps de la laisser *ré-sonner* à l'intérieur de nous, individuellement et collectivement. Quelles que soient les conditions dans lesquelles je me débats avec la vie, suis-je prêt à me considérer comme un fils bien-aimé, comme une fille bien-aimée qui fait la joie du Père ? Sommes-nous prêts à nous reconnaître tous et chacun comme un fils ou une fille bien-aimée en qui le Père met toute sa complaisance, et que c'est pour cette raison qu'il nous faut nous écouter ? Se peut-il que nous ayons les paroles de la vie, qu'elles soient des paroles de sagesse ou des cris de souffrance et de désespoir, qui sont aussi des appels à la vie ?

J'entends déjà des gens qui questionneront la légitimité d'une interprétation plus large de ce passage. Mais quelle est-elle, la mission de Jésus de Nazareth, et comment la prise de conscience de cette mission a-t-elle pu se produire ? Se peut-il que celui-ci ait pu saisir intérieurement toute la puissance de vie qui se dégagerait de la reconnaissance de l'amour infini d'un Dieu-Père et Dieu-Mère, et, par conséquent, d'une filiation commune qui nous amènerait à nous considérer comme des frères et des sœurs, et à nous traiter comme tels ?

Si nous reconnaissons que Jésus a vécu dans les mêmes conditions historiques que les nôtres, se peut-il que cette mission soit moins le produit d'un appel extérieur à lui-même que celui d'une conscience intérieure des promesses de vie qui se dégageraient de cette filiation commune reconnue et de cette fraternité? Est-il pensable que la joie ressentie devant de telles promesses rende irrésistible le goût d'en être contagieux, de telle sorte que le défi de travailler à transformer les relations entre les hommes et les femmes devienne un projet qui embrasse toute une vie?

Et comment alors Jésus pouvait-il résister au désir de convaincre les gens de son temps qu'il s'agit là de leur propre bonheur? Comment se refuser à lui-même ce besoin viscéral de chercher à allumer ses contemporains dans le but de les impliquer avec lui dans la réalisation d'un projet qui serait dans l'intérêt de tous?

Dans ce contexte, la mission de Jésus s'enracine dans cette soif de bonheur qui est le propre de toute personne humaine, et dans la prise de conscience d'une filiation commune qu'il perçoit comme un chemin de libération qu'il lui faut faire reconnaître par ses contemporains. Cette terre de justice et de fraternité à laquelle il aspirait, il a voulu participer à la faire advenir en rappelant constamment les fondements sur lesquels elle devait s'appuyer, une filiation et une fraternité reconnues. C'est ce qu'il appelait la Bonne Nouvelle.

Certains de ses disciples et amis auraient souhaité que Jésus devienne un chef politique et religieux qui contribue à libérer Israël de la domination romaine. Mais la libération à laquelle il nous convie, tout en pouvant s'incarner à travers des projets politiques, transcende ceux-ci. En posant cette filiation et cette fraternité partagées comme fondements de cette libération, Jésus nous rappelle qu'elles doivent inspirer nos projets économiques, politiques et sociaux, et que ceux-ci se doivent d'être au service de ces dernières. Ils ne peuvent constituer une fin en soi, mais plutôt des moyens au service d'une terre de justice et de fraternité qu'il appelait le Royaume de Dieu.

Une Bonne Nouvelle qui défie le temps?

Dans la société médiatique qui est la nôtre, les nouvelles ne manquent pas. Au contraire, la quantité d'informations qui nous sont transmises posent le problème d'avoir à choisir entre celles-ci, et surtout de savoir faire les liens entre elles, de sorte que notre perception de la réalité ne soit pas parcellaire, mais suffisamment englobante et cohérente pour avoir le sentiment d'un certain pouvoir sur cette réalité.

Mais dans ce flux d'informations, les bonnes nouvelles se font rares, même très rares. Et pourtant, nous avons besoin de bonnes nouvelles. Celles-ci nous sont nécessaires pour garder la confiance en l'avenir, mais surtout peut-être pour croire à cette conscience d'un pouvoir de changer les choses.

Curieusement, lorsque Jésus vient parler du Royaume de Dieu à ses contemporains, il l'annonce comme une Bonne Nouvelle. Dès les débuts de sa prédication, aux gens qui cherchaient à le retenir et à l'empêcher de les quitter, Jésus dit: « Je dois annoncer la Bonne Nouvelle du Royaume de Dieu aux autres villes. » (*Luc* 4,43) Mais si Jésus avait la prétention de qualifier de bonne nouvelle ce qu'il avait à dire aux gens de son époque, ceux-ci en avaient-ils la même perception? Et, ce qui est plus important pour nous, peut-on encore aujourd'hui partager cette perception, puisque c'est là une condition à notre adhésion à son message?

Le mot le dit, une nouvelle, c'est quelque chose de neuf, de frais, de jeune, de moderne, d'inédit, d'original. Mais en même temps, le propre d'une nouvelle n'est-il pas son incapacité de défier le temps et d'y résister? La nouvelle ne porte-t-elle pas, dès sa naissance, sa propre mort, en ce que, dès qu'elle est annoncée et connue comme nouvelle, elle n'est déjà plus neuve? N'est-elle pas condamnée, dans les jours, les minutes et les secondes qui suivent sa publication à laisser sa place à... une autre nouvelle?

Par quoi reconnaît-on une bonne nouvelle? Il peut être utile pour cela de dégager ce qu'il y a de commun chez le jeune travailleur qui vient de décrocher son premier emploi, chez la jeune femme qui désire avoir un enfant et à qui l'on vient d'annoncer qu'elle est enceinte, chez l'étudiant qui reçoit sa promotion pour un niveau supérieur, chez un ministre des Finances qui annonce une baisse d'impôts et des investissements en éducation et en santé. Ce sont toutes là des bonnes nouvelles par les horizons nouveaux qu'elles dévoilent, par les angoisses qu'elles apaisent, par la confiance en soi et en l'avenir qu'elles consolident, par le sentiment de pouvoir qui s'en dégage et qui permet d'espérer pouvoir apporter sa contribution à la vie. Bref, par le souffle de vie qui en émerge.

Voilà l'immensité du défi que notre époque lance à Jésus de Nazareth. Ce qu'il a à nous dire ne doit pas se contenter de n'être qu'une bonne nouvelle parmi d'autres. Elle se doit d'être Bonne Nouvelle qui dure et qui ne vieillit pas. Or ce défi peut-il être relevé autrement que par une nouvelle qui contribue à rajouter et à redonner continuellement du pouvoir sur nos vies, en servant la confiance en

soi, la confiance aux autres et la confiance en l'avenir ?
Pour prendre la mesure de cette Bonne Nouvelle pour
aujourd'hui, il peut être utile d'aller vérifier d'abord ce que
la personne et le message de Jésus ont représenté pour les
gens de son époque.

Une bonne nouvelle pour les uns

La vie de l'aveugle Bartimée (*Mc* 10,46s.) n'était pas très
compliquée. Assis au bord du chemin, il mendiait. Il avait
beau crier pour que Jésus l'entende et « ait pitié de lui », la
grande majorité des personnes présentes le lui repro-
chaient et « lui disaient de se taire ». Il faut se rappeler qu'à
l'époque, la maladie ou le handicap étaient considérés
comme une punition de Dieu en regard des péchés que la
personne elle-même ou que ses ancêtres avaient commis.
Sa détermination l'amena à crier encore plus fort au point
même d'enterrer les remontrances des amis de Jésus.
Lorsque celui-ci s'arrêta et l'appela, Bartimée jeta son
manteau, bondit sur ses pieds et courut vers Jésus. C'est
alors que Bartimée recouvra la vue, et « qu'il suivit Jésus
sur le chemin ».

Qu'a donc représenté Jésus pour l'aveugle Bartimée ?
Bien sûr, retrouver la vue, ce n'est pas rien ! Mais à quoi
peut donc servir une vue recouvrée si ce n'est que pour
rester sur le bord du chemin à mendier et à regarder la
caravane passer ? Plus que la vue, Bartimée a reconquis la
fierté de quitter le bord de la route et de marcher sur le
chemin avec d'autres. C'est la qualité de ses relations qui
s'en trouve transformée. Il n'est plus exclus. Désormais, il
ne sera plus soumis aux réprimandes des bien-pensants, et
on ne pourra plus chercher à le faire taire. Voilà la bonne

nouvelle chez Bartimée : la récupération du pouvoir de voir, de marcher et de parler, qui libère chez lui une capacité nouvelle d'entrer en relations avec les autres, et qui fait de lui le principal artisan de ses relations.

Que s'est-il passé chez Zachée (*Lc* 19,1s.), ce riche chef des collecteurs d'impôts ? Comme il prélevait les droits et taxes sur les marchandises au service des Romains qui occupaient le territoire, et comme les collecteurs d'impôts étaient reconnus pour profiter de leur situation pour s'enrichir injustement, Zachée était méprisé de ses compatriotes juifs. Ses relations portaient le poids de ce mépris. Mais voilà qu'un homme le trouve assez digne pour accepter de prendre le temps d'aller manger chez lui. Zachée fait l'expérience d'une relation qui n'est pas prisonnière de son rôle de percepteur au service de l'occupant romain et de sa réputation de voleur.

La libération intérieure qu'il a dû ressentir dans cette relation basée sur la reconnaissance de la dignité plutôt que sur le mépris l'a amené à vouloir donner la moitié de ses biens aux pauvres et à vouloir remettre quatre fois plus aux gens qu'il aurait trompés. La transformation chez Zachée ne se limite donc pas à un nouveau partage de ses biens qui n'est que l'expression d'une nouvelle façon d'entrer en relations avec ses contemporains et dont Zachée fait l'expérience qu'elle est libératrice pour lui d'abord. Sa perception de lui-même n'est plus prisonnière de celle qu'on lui renvoie. La bonne nouvelle chez Zachée est dans ce regard que Jésus a posé sur lui et qui l'a amené à changer son propre regard sur lui-même, libérant, par le fait même, sa relation avec lui et avec les autres.

Comment donc devait se sentir la femme adultère (*Jn* 8,1s.) lorsque, amenée de force par les maîtres de la loi et les pharisiens, ces derniers la placèrent devant tout le monde rassemblé dans le Temple, et qu'ils demandèrent à Jésus s'il était d'accord avec l'enseignement de Moïse de la tuer à coups de pierre ? Envahie par l'humiliation et la culpabilité alimentée par les maîtres de la loi, ainsi que par la frayeur d'une mort atroce, quels pouvaient être ses espoirs de vie ? Jésus, le fils du charpentier, pouvait-il faire le poids devant la loi du libérateur du peuple qu'était Moïse ?

Alors que les pharisiens et leurs compères réfèrent à Moïse pour condamner, Jésus les déstabilise en refusant d'entrer dans leur logique pour plutôt les renvoyer à eux-mêmes : « Que celui qui est sans péché lui jette la première pierre. » Produit de son époque et de sa culture, Jésus ne condamne pas ouvertement la lapidation. Stratégiquement, cela l'aurait probablement desservi puisqu'il aurait été maintenu dans la logique des pharisiens qui veulent le confronter à Moïse. Il met plutôt ceux-ci en contradiction avec eux-mêmes.

Il faut se rappeler que tout cela se passe devant la foule rassemblée dans le Temple. Ce n'est pas nécessairement par l'honnêteté de leur examen de conscience qu'ils se refusent à condamner la femme. Eux qui étaient tellement sûrs d'eux-mêmes dans le piège tendu à Jésus, ne peuvent prétendre être sans péché, au risque de subir les foudres des gens présents. Ils ont dû partir un à un. Et alors, Jésus, affichant ses distances face à l'enseignement de Moïse, refuse de condamner la femme adultère.

Comment cette femme et les gens qui ont assisté à la scène ont-ils pu percevoir l'attitude de Jésus ? En refusant de se porter juge de la relation que cette femme avait eue, en ne la condamnant pas, c'est un choix pour la vie qu'il fait. Il se refuse à appliquer une loi qui commande la mort. Bien sûr, la bonne nouvelle pour la femme adultère, c'est d'être encore en vie. Mais c'est peut-être aussi de découvrir que toute loi se doit d'être au service de la vie des hommes et des femmes, et non l'inverse. C'est peut-être de comprendre que la somme de ses relations passées ne la condamne pas, et ne préjuge pas de ses relations à venir. C'est peut-être, dans une situation d'humiliation, de s'être sentie tout simplement considérée dans toute sa dignité.

On pourrait continuer à multiplier les exemples d'interventions de Jésus avec ses contemporains. Mais ce qui me semble important, c'est de dégager, au-delà de ce qu'il a pu représenter comme personne auprès de chacune des personnes rencontrées, ce qu'il y a de commun dans ces trois rencontres qui fait que la Bonne Nouvelle a un caractère universel et qu'elle perdure dans le temps.

Dans les trois cas, l'intervention de Jésus dépasse le geste ponctuel pour avoir des conséquences sur la façon d'être en relations des personnes rencontrées. Tous trois font d'abord l'expérience d'un regard neuf posé sur eux-mêmes. Ils ne retrouvent pas chez Jésus l'attitude d'ignorance et de mépris accordée habituellement aux handicapés, aux voleurs et aux femmes considérées comme pécheresses, et qui a pour conséquence de les exclure de la possibilité d'entrer en relations avec dignité et de façon égalitaire. Leur propre regard face à eux-mêmes s'en trouve transformé de telle sorte qu'ils se libèrent de la domination de façons de penser qui les empêchaient d'être les artisans de leurs propres relations.

En confrontant le handicap, la fonction sociale et la tradition comme facteurs d'exclusion, Jésus ne se positionne pas seulement contre tout ce qui contribue à saboter la dignité qui doit revenir aux fils et aux filles de Dieu. Il se fait un pourvoyeur d'importance qui permet aux personnes de reconquérir le pouvoir de déterminer elles-mêmes l'orientation à donner à leurs relations.

Dans le deuxième chapitre, je rappelais que le Royaume de Dieu se trouve là où des hommes et des femmes ont décidé d'établir entre eux des relations fraternelles. Mais celles-ci sont impossibles chez des personnes maintenues dans des conditions d'opprobre, d'humiliation, de honte, de dévalorisation. Ces conditions engendrent des sentiments de gêne, de repliement sur soi, d'isolement, ou des sentiments de colère, de révolte et de haine. Dans tous les cas, ce sont des conditions qui étouffent ou qui sabotent les relations.

Ce n'est pas pour rien que Jésus rappelle souvent que la Bonne Nouvelle est annoncée aux pauvres (*Mt* 11,5 ; *Lc* 7,22). Ce sont eux d'abord qui vivent les conditions d'inégalité et d'exclusion qui les empêchent d'avoir accès à des relations où ils sont pleinement reconnus pour ce qu'ils sont. Ce sont eux d'abord qui ont intérêt à vivre l'expérience de libération que procure la remise en question de ces conditions. Et le Royaume de Dieu ne peut prétendre être Bonne Nouvelle s'il n'inclut pas la transformation des conditions matérielles d'existence qui faussent et défont les relations.

Comment faut-il lire le passage sur les Béatitudes (*Lc* 6,20s. ; *Mt* 5,1s.) lorsque Jésus s'exclame : « Heureux, vous qui êtes pauvres, car le Royaume de Dieu est à vous ! Heureux, vous qui avez faim maintenant, car vous aurez de la nourriture en abondance ! Heureux, vous qui pleurez maintenant, car vous rirez ! » Lui dont les paroles et les actions se préoccupaient d'abord de soulager les causes qui maintenaient les gens dans l'exclusion et la pauvreté, lui qui s'inquiétait de satisfaire avant tout la faim de ceux qui écoutaient son enseignement, lui qui guérissait le serviteur ou l'enfant malade à la source de la peine de la famille, faisait-il l'apologie de la pauvreté, de la faim, de la tristesse et du désespoir?

Le Bonheur, la Béatitude, la Bonne Nouvelle sont justement dans la promesse de relations différentes que les hommes et les femmes établiront entre eux et qui feront qu'il n'y a plus de place pour la pauvreté, la faim et le désespoir. Des conditions qui sont inacceptables à ceux et celles qui se reconnaissent comme frères et sœurs.

On le voit, le refus de Jésus de Nazareth de se faire solidaire du mépris de la société ambiante envers des hommes et des femmes qui ne sont pas reconnus dans toute leur dignité, son attitude d'accueil et d'empathie envers eux, qui va jusqu'à contribuer à ce qu'ils reprennent du pouvoir sur leur vie, est cohérente avec le Dieu qui l'inspire et qu'il proclame. Son attitude de fraternité témoigne non seulement de la crédibilité possible d'un Dieu-Père, mais démontre que sa relation à un tel Dieu a participé à fonder sa conviction d'aller à l'encontre des préjugés et des façons de penser de l'époque.

C'est tout cela qui a fait que le titre de Messie lui fut attribué par ses disciples. Ce titre hébreu était accordé aux rois d'Israël et aux grands prêtres pour signifier qu'ils avaient été consacrés, c'est-à-dire choisis par Dieu pour une fonction ou une mission particulière. Les évangélistes lui appliquent ce titre, en général sous sa forme grecque *Christos*, traduit en français par Christ. Cette présentation d'un Dieu-Père et cet appel à nous aimer jusqu'au pardon rencontraient tellement les aspirations de quête de sens et de bonheur des gens de son époque que, pour eux, Jésus de Nazareth est devenu Jésus-Christ. Et durant 2000 ans d'histoire, c'est ce titre qui sera à l'origine de l'identification de ceux et celles qui adhèrent à son message, comme chrétiens et chrétiennes.

Une moins bonne nouvelle pour d'autres

Participer à ce que des hommes et des femmes se libèrent idéologiquement, économiquement ou politiquement de l'emprise d'autres hommes et femmes, c'est nécessairement s'inscrire dans une dynamique conflictuelle. Ces derniers n'apprécient pas toujours cette perte de pouvoir. Or Jésus-Christ n'y a pas échappé. Sa crédibilité se vérifie dans l'ardeur et la fidélité avec laquelle il confrontait les détenteurs de pouvoir de l'époque, les maîtres de la Loi et les pharisiens.

Ceux-ci prônaient la loi du talion, « Œil pour œil, dent pour dent » (*Mt* 5,38), l'amour du prochain mais la haine des ennemis (*Mt* 5,43), le strict respect du sabbat (*Mt* 12), les devoirs religieux comme le jeûne, le don fait aux pauvres et la prière (*Mt* 6,1s.). Mais lorsque Jésus invite à l'amour des ennemis; lorsqu'il rappelle que le sabbat est au service de l'homme et non l'inverse, lorsqu'il dénonce la façon publique de faire ses devoirs religieux « comme le font les hypocrites debout dans les synagogues et au coin des rues pour que les hommes les voient et les louent » (*Mt* 6,1s.), c'est leur propre pouvoir qui leur glisse entre les mains.

Lorsqu'il présente un Dieu de l'amour et du pardon qui vient confronter le Dieu légaliste, Jésus intervient sur le terrain même des maîtres de la Loi qui se considèrent comme les possesseurs exclusifs du savoir sur les questions de Dieu. Jésus les interpelle au cœur même de leur science, dans les lieux physiques mêmes où ils croyaient avoir pleins pouvoirs, la synagogue. Ce n'est pas seulement la conception de Dieu qui est en jeu ici. Ce qui est remis en question, c'est la façon sociale d'aborder les questions de Dieu. Il se refuse à ce qu'un groupe social s'approprie le pouvoir sur celles-ci. Jésus vient démocratiser le débat sur Dieu et, par le fait même, participe à dépouiller les maîtres de la Loi et les pharisiens de leur mainmise sur Dieu et de la conception de Celui-ci qu'ils imposent au peuple.

D'ailleurs, il est significatif de voir le lien entre la conception de Dieu qu'une organisation porte et la structure de fonctionnement de celle-ci. Une organisation autoritaire présentera un Dieu autoritaire, un Dieu de la Loi qui exige un code de conduite, et qui vient souvent, idéologiquement, justifier et soutenir la structure hiérarchique de cette organisation. Au contraire, le Dieu du service, de l'amour et du pardon sera mieux servi par un groupe qui promeut la participation la plus large possible aux débats et aux instances de pouvoir. L'Église catholique n'a pas échappé à cette tension continuelle en son sein.

Jésus ne se fait pas tendre envers les pharisiens et les maîtres de la Loi. Je prends le temps de m'attarder sur sa relation avec ces derniers, car fondamentalement, c'est là que s'est joué son destin. L'enjeu était pour lui tellement important qu'il ne s'est pas permis de jouer dans la nuance. Connaissant l'utilisation qu'ils font de la Loi pour étouffer la vie, écraser les petites gens et entraver la possibilité de relations qui soient justes et fraternelles, il ne cherche pas à ménager les susceptibilités.

C'est en ces termes qu'il s'adressait aux foules et à ses disciples :

Les maîtres de la Loi et les pharisiens sont chargés d'expliquer la Loi de Moïse. Vous devez donc leur obéir et accomplir tout ce qu'ils vous disent ; mais n'imitez pas leur façon d'agir, car ils ne mettent pas en pratique ce qu'ils enseignent. Ils attachent de lourds fardeaux et les mettent sur les épaules des hommes, mais ils refusent de les aider même du bout du doigt à porter ces fardeaux...

Malheur à vous, maîtres de la Loi et pharisiens hypocrites ! Vous fermez la porte du Royaume des cieux devant les hommes ; vous n'y entrez pas vous-mêmes et vous ne laissez pas entrer ceux qui le désirent.

Malheur à vous, maîtres de la Loi et pharisiens hypocrites ! Vous prenez aux veuves tout ce qu'elles possèdent et, en même temps, vous faites de longues prières pour paraître bons...

Malheur à vous, maîtres de la Loi et pharisiens hypocrites ! Vous donnez à Dieu la dixième partie de plantes comme la menthe, le fenouil et le cumin, mais vous négligez les enseignements les plus importants de la loi, tels que la justice, la bonté et la fidélité...

Malheur à vous, maîtres de la Loi et pharisiens hypocrites ! Vous nettoyez l'extérieur de la coupe et du plat, mais à l'intérieur ils sont remplis du produit de vos vols et de vos mauvais désirs. Pharisiens aveugles !...

Malheur à vous, maîtres de la Loi et pharisiens hypocrites ! Vous ressemblez à des tombeaux blanchis qui paraissent beaux à l'extérieur mais qui, à l'intérieur, sont pleins d'ossements de morts et de toute sorte de pourriture. Vous de même, à l'extérieur vous paraissez bons aux hommes, mais à l'intérieur, vous êtes pleins d'hypocrisie et de mal.

> Malheur à vous, maîtres de la Loi et pharisiens hypo-
> crites!... Serpents, bande de vipères! (*Mt* 23,1s.)

Affirmer la pleine humanité de Jésus-Christ, c'est aussi reconnaître les raisons réelles de sa mort. Pour les pharisiens et les maîtres de la Loi, c'en était trop. Pour eux, il ne présentait pas une bonne nouvelle! Le langage direct de Jésus venait lézarder l'édifice même sur lequel ils avaient construit leur réputation et leur crédibilité, et par lequel ils étaient reconnus. Elle est là, la raison première et fondamentale de la mort de Jésus. Celui-ci dévoilait au grand jour les intérêts réels qui se profilaient derrière les discours des maîtres de la Loi et des pharisiens. À cause de lui, des hommes, pas n'importe lesquels, les bien-pensants de l'époque, perdaient le pouvoir et la réputation qu'ils s'étaient forgés indûment. Les gens du peuple, maintenus dans la crainte d'un Dieu autoritaire, ne pouvaient que relever la tête et redresser les épaules devant la mise au jour de la vérité. Les paroles de Jésus rejoignaient sûrement ce que ces derniers percevaient déjà à l'intérieur d'eux-mêmes.

Jésus ne se contentait donc pas d'un vague appel à construire des relations fraternelles. Il nommait les mécanismes structurels, les comportements et les personnes qui empêchaient l'établissement de telles relations. Ce sont ces mêmes personnes qui en ont conclu que, désormais, il fallait le faire taire et le faire disparaître le plus tôt possible. Et sa disparition devait se faire par le moyen de torture de l'époque : la crucifixion.

Une victoire ou un échec?

La réflexion chrétienne a longuement porté sur la mort et la croix, devenues presque bienheureuses parce que constituant des passages obligés vers la résurrection et la vie. Et cela se comprend. La mort est tellement insensée, on refuse tellement qu'elle soit le dernier mot de notre existence, qu'on est pressé d'y trouver les raisons de s'ouvrir à la vie. Mais ce faisant, n'a-t-on pas perdu de vue les raisons réelles qui ont mené Jésus à la mort et qui, elles, sont porteuses de promesses de vie?

Nous, les chrétiens, sommes tentés d'en appeler rapidement de la Résurrection de Jésus pour tenter d'allumer l'espérance dans la vie de personnes qui nous sont chères et qui traversent des moments de mort. Nous sommes pressés de rappeler qu'après tous les vendredis saints, il y a toujours Pâques. Mais avons-nous pris le temps de prendre la mesure du drame que Jésus lui-même a vécu et qui nous permettrait peut-être d'éviter de banaliser les enjeux des drames humains qui nous entourent, et d'y être plus attentifs? Cela n'édulcore en rien l'espérance, mais risque, au contraire, de l'enraciner dans les conditions concrètes de notre existence.

Non, Jésus n'a pas voulu sa mort. Non, ce n'était pas l'aboutissement nécessaire d'un itinéraire de vie déjà prévu d'avance. Non, Dieu n'a pas demandé sa mort, supposément parce qu'elle aurait été nécessaire pour se réconcilier l'humanité. Non, la croix ne peut être source de joie.

La mort de Jésus n'est que le résultat de ses actes et de ses paroles qui appelaient à mettre en place les conditions sociales, économiques, politiques et culturelles qui soient l'expression et qui permettent l'éclosion de relations de justice et de fraternité. Si Jésus a senti venir sa mort prochaine, ce n'était pas grâce à des pouvoirs magiques et surnaturels qui lui conféraient le pouvoir de prédire les événements. C'était parce qu'il voyait bien se resserrer autour de lui l'étau de ceux qui avaient intérêt à ce que soient maintenues les conditions qui favorisaient plutôt des relations d'exploitation, d'oppression et d'inégalité, et qui cherchaient à le faire mourir.

On a longtemps chanté dans les églises, et on chante encore : «Victoire, tu régneras! Ô Croix, tu nous sauveras!» Mais de quelle victoire veut-on parler? Et pour nous sauver de quoi? La croix n'est rien d'autre que le moyen de torture de l'époque destiné aux criminels et aux bandits de grand chemin, et qui se caractérise par l'humiliation, la barbarie et la cruauté particulières avec lesquelles elle met fin à la vie. En ce sens, la croix de Jésus ne peut être isolée de celle de tous les crucifiés du monde. Par quel détour de l'esprit en est-on venu à la considérer comme source de vie? Serions-nous prêts à vénérer la chaise électrique, la corde de pendaison ou l'arme du peloton d'exécution comme lieux de passage à la vie?

Pour Jésus, la croix ne présente rien d'autre que la déchéance et l'échec du projet qu'il proposait au monde. Pour n'avoir cessé de proclamer «Aimez-vous les uns les autres», qui demeure le cœur de son message, et pour avoir appuyé cette invitation par ses attitudes et ses comportements, le voilà flagellé, couronné d'épines et crucifié. Dans ces moments de mort, où la présence des proches est si nécessaire, Jésus se retrouve abandonné par les siens. Au point même que Pierre, celui en qui il avait mis sa confiance pour diriger ses amis dans un projet d'amour qu'il souhaite voir se perpétuer, le reniera. Alors que lors de son dernier repas avec ses disciples, il les invitait à faire mémoire de lui, voilà que, pas plus tard que le lendemain, leur chef affirme publiquement ne pas le connaître, et cherche plutôt à prendre ses distances et à l'oublier.

Comme beaucoup d'hommes et de femmes aujourd'hui, qui meurent presque seuls, Jésus n'était accompagné que de sa mère, de trois autres femmes, et de l'un de ses disciples. Lui qui avait proclamé toute sa vie la tendresse infinie du Père ; lui qui n'avait cessé d'affirmer l'amour inconditionnel et la fidélité sans faille de ce Père ; lui dont les paroles et les actes s'étaient abreuvés à cet amour constamment redonné, et qui avait espéré contre toute espérance que l'amour de ce Père vienne habiter et libérer les amours humaines, voilà qu'il vit l'expérience déchirante de l'abandon : « Mon Dieu ! Mon Dieu ! Pourquoi m'as-tu abandonné ? » (*Mt* 27,46)

Au-delà de la mort, il voit s'écrouler le socle sur lequel étaient fondés tous ses espoirs, et qui avait contribué à faire de sa vie une vie passionnée et passionnante. Comment son projet de voir les hommes et les femmes s'aimer pourrait-il se réaliser si ceux-ci ne peuvent compter sur l'amour d'un Père qui leur permet de faire l'expérience d'un amour filial et qui les invite à construire les bases d'un amour fraternel ?

Abandonné par les siens, abandonné par le Père. L'expérience mortelle de Jésus de Nazareth n'est pas différente de la nôtre. Jésus ne s'est pas présenté sur le chemin de la croix avec la conviction qu'il allait ressusciter. Comme des gens de son époque, il croyait en la résurrection des morts (*Mt* 22,30), tel un souhait, parce que, comme nous, il se refusait obstinément à ce que tout cela n'ait pas de sens. Mais cette espérance de résurrection n'était, pas plus pour lui que pour nous, une assurance. Elle n'atténuait en rien les angoisses de la mort, et surtout ne les en dispensait pas.

La mort insensée *de Jésus de Nazareth*

S'étant rendu à Gethsémané pour prier, peu avant sa mort, Jésus ressentit de la frayeur et de l'angoisse. «Mon cœur est plein d'une tristesse de mort...» (*Mc* 14,33) «Sa sueur devint comme des gouttes de sang qui tombaient par terre.» (*Lc* 22,44) La mort de Jésus de Nazareth, celle de Jésus-Christ, est aussi cruelle, aussi absurde, aussi insensée que la mort de chacun et chacune d'entre nous. Dans son non-sens, elle interpelle directement le sens ultime de la vie. Et Jésus n'a pu y échapper, lui qui a ressenti jusqu'à l'abandon de Celui qui donnait sens à sa vie.

Au moment de la mort, devant la vie qui fuit lentement, face au souffle qui se fait de plus en plus rare, aucune rationalité ne tient plus. Tout ce qui reste vrai, c'est la présence des êtres qui nous sont chers. C'est peut-être cette présence de ces quelques femmes et du disciple que Jésus aimait qui, tout juste avant son dernier soupir, lui a redonné la force de s'abandonner à Celui par qui il avait cru avoir été abandonné: «Père, je remets mon esprit entre tes mains.» (*Lc* 23,46)

Chez les premiers chrétiens, et tout au long des vingt derniers siècles, on a tenté d'expliquer le sens de cette mort. Jésus aurait porté sur ses épaules le poids de tous nos péchés. En étant mort pour le pardon de nos fautes, il aurait réconcilié l'humanité avec Dieu. Cette interprétation n'est pas étrangère à une certaine tradition chrétienne qui, dans sa conception d'une relation avec Dieu, a laissé beaucoup de place au péché. La théorie du péché originel a voilé presque complètement celle de la grâce originelle d'un Dieu qui veut la vie et qui se met au service de la vie.

Mais la mort de Jésus n'est-elle pas avant tout l'aboutissement d'un homme qui a dit être venu pour que nous ayons la vie en abondance, qui nous a rappelé que cette vie à profusion dépend de la qualité des relations que nous établirons entre nous, et de notre capacité à pardonner? Sa mort n'est-elle pas la conséquence de ses gestes et de ses paroles qui stigmatisaient tout ce qui entravait la possibilité de réaliser ce qui devait constituer le centre de sa prédication: « Aimez-vous ! » ?

Si nous parlons encore aujourd'hui de Jésus de Nazareth, c'est d'abord parce que son invitation à nous aimer les uns les autres rejoint une intuition profonde en nous qui nous dit que c'est là le chemin pour être heureux. Et c'est ensuite parce que ses paroles et ses gestes sont venus soutenir ce message d'amour pour lui donner toute sa crédibilité.

La mort et la croix n'ont donc aucun sens en soi. Et le fait que ce soient celles de Jésus de Nazareth ne change rien à cela. En quoi celles-ci porteraient-elles plus de sens que celles de tous les autres crucifiés de l'histoire ? Ce qui fait que nous faisons mémoire de Jésus, le Christ, vient de la force de vie qui se dégage de son vivant et qui tient, d'après moi, à deux éléments principaux : un appel lancé à toute l'humanité, « Aimez-vous les uns les autres ! », et la présentation d'un Dieu inconditionnellement amoureux qui nous accompagne dans la réponse à cet appel.

Tout ce que la mort par la croix chez Jésus contribue à mettre en évidence, c'est l'importance que cette convocation à nous aimer a pris dans sa vie, au point d'aller au bout de ses convictions, en payant le prix de la torture et de l'assassinat.

De la résurrection ?

La foi des chrétiens proclame la résurrection, le retour à la vie de Jésus. La tradition chrétienne en fait d'ailleurs le centre de son message. La fête de Pâques ne vient-elle pas affirmer haut et fort que la mort n'a pas le dernier mot sur la vie, et que celle-ci est plus forte que la mort ? N'y a-t-il pas là une espérance qui donne sens à ce que l'on fait et qui contribue à donner le goût de vivre ?

Mais pour nous, hommes et femmes de l'an 2000, est-ce que la résurrection de Jésus suffit à donner sens à nos vies ? Ne pose-t-elle pas plus, sinon autant de questions qu'elle peut souhaiter en résoudre ? Ce n'est pas après la mort que nous voulons être heureux, mais dès maintenant. Or en quoi la résurrection d'un homme peut-elle aspirer à être source d'espérance pour aujourd'hui, et non pour une éventuelle vie future ? À quelle sorte de victoire sur la mort la résurrection peut-elle prétendre lorsque la vie surgit... après la mort ? Et pour qui cette victoire, lorsqu'il n'y a qu'un seul homme qui aurait été revu vivant après son décès ? Doit-on vraiment se réjouir d'une victoire dont il aurait été le seul bénéficiaire ?

Pour nous qui sommes de culture scientifique, une intervention extraordinaire et surnaturelle de Dieu dans l'histoire, en faisant ressusciter Jésus de Nazareth, est-elle recevable ? Si on soumet l'expérience de celui-ci et son humanité aux mêmes conditions historiques que les nôtres, sa résurrection est-elle plus crédible que celle de tous les hommes et femmes qui l'ont précédé, en ce qu'elle aurait été vérifiable? Les chrétiens n'ont pas inventé la croyance en la résurrection des morts. Alors qu'à son époque on y croyait déjà, qu'est-ce qui fait que celle de Jésus en particulier ait été retenue comme plausible par des millions d'hommes et de femmes durant 2000 ans d'histoire?

La question n'est pas théorique. Tenter d'y répondre vient servir la préoccupation principale qui est la nôtre, et qui est de savoir si l'expérience globale de Jésus de Nazareth peut nous aider à vivre plus intensément et de façon plus heureuse. En dernier ressort, est-ce la résurrection de Jésus, comme événement extraordinaire et particulier, ou son message d'amour qui nous aident vraiment à vivre?

Et si le doute persiste quant à l'authenticité de la résurrection de Jésus comme événement historique, est-ce que cela nous condamne à l'inaccessibilité d'une relation avec le Dieu qu'il nous propose? Je me refuse à ce que l'expérience libératrice et épanouissante d'une relation au Dieu de Jésus-Christ soit à la remorque d'une foi en la résurrection historique de Jésus. Lorsque je pose la question, je ne prétends pas que celle-ci soit une pure invention de la part de ses disciples. J'affirme seulement que nous sommes devant sa résurrection, comme Jésus lui-même l'était devant la résurrection des morts. Pour nous, comme ce l'était pour lui, c'est une affaire de foi et non de démonstration certifiée.

Ce qui me semble indiscutable et fondamental, par contre, c'est l'expérience que les disciples et amis de Jésus ont faite de sa *présence*, du fait qu'il soit *vivant*, et de l'impact que cela a eu dans leur vie. S'il est important pour nous d'essayer de comprendre cette expérience, et de l'expliquer dans une dynamique qui fasse sens pour aujourd'hui, ce n'est pas tant pour refaire l'histoire que pour répondre avant tout à la question qui nous est renvoyée : la reconnaissance, à notre tour, que *Jésus soit vivant* peut-elle avoir un impact sur la qualité de nos vies ?

En ce sens, il peut être utile de faire un bref détour par les récits des évangélistes Matthieu, Marc, Luc et Jean sur la résurrection. Matthieu parle d'un ange du Seigneur qui, dans un fort tremblement de terre, serait venu faire rouler de côté la pierre du tombeau de Jésus pour permettre aux femmes accourues pour le voir de constater qu'il n'était plus là et qu'il était réellement revenu de la mort à la vie.

Marc parle de la surprise des femmes de voir que la pierre avait déjà été retirée, et du jeune homme qu'elles ont rencontré à l'intérieur du tombeau. Celui-ci leur annonce que Jésus est revenu à la vie et qu'il attend ses disciples en Galilée. Marc fait apparaître Jésus à Marie de Magdala et, plus tard, à deux de ses disciples. L'évangéliste insiste pour faire remarquer que lorsque ceux-ci racontent leur expérience aux autres disciples, ceux-ci ne les crurent pas... Jusqu'à ce que Jésus leur apparaisse.

Luc raconte plutôt qu'après être entrées dans le tombeau pour constater que le corps de Jésus n'y était plus, les femmes virent leur apparaître deux hommes aux vêtements brillants qui leur annoncèrent le retour à la vie de Jésus. Luc nous parle aussi de la longue marche de Jésus avec les deux disciples d'Emmaüs où il a pris le temps de leur expliquer le sens des Écritures sans que ceux-ci ne le reconnaissent. Dans une apparition ultérieure à ses disciples qui n'arrivaient pas à croire que c'était bien lui, Luc raconte que Jésus a tenu à montrer ses plaies aux mains et aux pieds, et qu'il a insisté pour manger devant eux.

Jean nous parle de Marie de Magdala qui vit elle aussi deux anges aux vêtements blancs assis à l'endroit où avait reposé le corps de Jésus. Après leur avoir dit quelques mots, elle parla à un homme qu'elle croyait être le jardinier. Ce n'est que quelques instants plus tard qu'elle reconnut Jésus. L'évangéliste rapporte aussi l'apparition aux douze disciples où Thomas a tenu à mettre ses doigts dans les plaies de Jésus pour croire.

Devant ces diverses versions de cet événement de la résurrection, comment savoir ce qui s'est passé historiquement ? Est-il possible, sur la base de nos expériences de vie, d'essayer de dégager ce qui nous y aide à vivre, et de tenter d'extraire ce que les évangélistes voulaient réellement nous transmettre ?

La variété des versions de l'événement, le fait que les témoins ne reconnaissent pas Jésus, le recours à des anges, l'insistance des évangélistes sur l'aspect corporel et charnel de la résurrection pour chercher à convaincre les disciples de dépasser le doute qui les habite, l'insistance pour faire ressusciter Jésus par rapport au peu de temps que ce même ressuscité passe avec ses disciples, tout cela m'amène à penser qu'il est à tout le moins légitime de nous questionner sur l'historicité des faits tels que racontés. Cela ne nous amène nullement à invalider les efforts des évangélistes pour nous convaincre de l'authenticité de la résurrection de Jésus.

Mais cela nous renvoie à la question qui me semble importante pour nous aujourd'hui, et qui est la suivante : pourquoi les premiers chrétiens et les évangélistes ont-ils tant tenus à chercher à nous convaincre que Jésus était vivant ? Au-delà de l'historicité de la résurrection, qu'est-ce qu'ont vécu de particulier avec cet homme ceux et celles qui l'ont connu et rencontré, et qui leur a fait ressentir cette certitude et cette conviction que le dernier mot de cet homme ne pouvait être la mort ? Au-delà de leur foi en la résurrection des morts en général, pourquoi leur expérience a–t-elle été telle qu'ils ont ressenti si fortement le besoin de tenter de nous convaincre de la résurrection de cet homme en particulier ?

Si l'on reconnaît la pleine humanité de Jésus inscrite dans les conditions physiques et sociales de notre histoire, il est légitime de penser que sa vie après la mort n'est pas démontrable. En ce sens, la résurrection de Jésus, en soi, ne suffit pas à expliquer l'importance que cet homme a eue au cours de l'histoire, et qui fait qu'on en parle encore aujourd'hui. Les évangélistes auront eu beau rapporter des récits où ses disciples le revoient vivant, au point de manger avec lui ou de toucher ses plaies, ce sont les actes et les paroles de Jésus avant sa mort qui ont marqué ses contemporains, et qui leur ont fait prendre conscience qu'il y avait là des paroles et des attitudes qui faisaient vivre en abon-dance. D'ailleurs, ce sont ces mêmes actes et paroles avant la mort qui ont donné à l'éventuelle résur-rection de Jésus sa crédibilité, et qui en ont fait le plus connu des ressuscités.

Tous ces gens isolés, marginalisés, exclus, culpabilisés, condamnés, qui, grâce à l'accueil et à la reconnaissance de Jésus, avaient fait l'expérience libératrice d'une relation à soi et aux autres transformée ; toutes ces personnes qui avaient accepté l'invitation à risquer de s'aimer les uns les autres, et qui avaient ressenti dans leur chair combien il est bon de vivre lorsque nous sommes des pourvoyeurs d'importance, de dignité et de tendresse les uns pour les autres ; tous ces gens encore habités de la force de vie que Jésus avait allumée en eux pouvaient-ils se résigner à ce que celle-ci s'éteigne avec son décès ?

Plus profondément, comment croire en la disparition finale et en l'absence de Jésus, lorsque la force de l'amour dont il a été l'instigateur demeure toujours bien vivante et présente ?

Bien sûr, il a fallu du temps aux hommes et aux femmes qui avaient suivi Jésus pour départager les sentiments qui les animaient. Ils venaient d'assister à l'assassinat de celui qui les rassemblait et qui donnait sens à leur vie. Personne d'entre nous ne leur reprochera d'avoir eu peur et de se réunir « dans une maison dont ils avaient fermé les portes à clé, car ils craignaient les autorités juives » (*Jn* 20,19).

Mais au-delà de l'anéantissement ressenti et de la tristesse du deuil, une fois le choc passé, la mort de Jésus renvoyait ses disciples à eux-mêmes. Ils n'ont pu éviter de laisser monter, petit à petit, et de se rappeler entre eux ce qu'ils avaient vécu avec cet homme, pour en faire une sorte de bilan. Les deux disciples sur le chemin d'Emmaüs traduisent bien les attentes qu'ils avaient mises en cet homme : « Nous avions l'espoir qu'il était celui qui devait délivrer Israël. » (*Lc* 24,21) Rien de moins !

Tout ce temps passé avec lui où, au cœur même des tensions et des conflits qu'engendre toute vie de groupe, ils avaient fait l'expérience de la tendresse, du pardon, de l'amitié, de la vie fraternelle, tout cela n'avait-il été qu'un rêve ?

Or qu'est-ce qui a bien pu se passer pour que les disciples dépassent la peur qui les envahissait et décident de s'approprier ce rêve ? Il me semble que les extraits suivants de l'Évangile de Jean (20,19-23) nous aident à y voir plus clair. Dans la même maison fermée à clé, il fait dire à Jésus qui apparaît à ses disciples : « La paix soit avec vous ! » Jean insiste pour souligner la joie qui a rempli le cœur des disciples en voyant Jésus. Celui-ci leur dit de nouveau : « La paix soit avec vous ! »

Que la résurrection de Jésus se soit manifestée réellement ou non, ce qui est important pour nous, c'est de constater l'impact sur les disciples du fait de penser que Jésus soit encore vivant parmi eux. Dans la période de déception, de tristesse et de crainte qu'ils traversent, la seule pensée de sa présence leur fait faire l'expérience de la paix et de la joie. Si Jésus, après sa résurrection, est réellement apparu aux disciples, on comprendra aisément les sentiments des disciples.

Mais si nous pensons que Jésus a vécu son humanité dans les mêmes conditions que la nôtre, il est bien possible que la résurrection de Jésus n'ait pas eu de manifestation historique, pas plus que celle des êtres qui nous sont chers et qui sont décédés. Si cela était le cas, comment alors expliquer la joie et la paix qui se sont installées progressivement chez les disciples ? Comment expliquer le type de présence dont ils ont fait l'expérience ?

L'esprit de Jésus, une présence

Dans l'extrait cité plus haut, après que Jésus ait invité ses disciples à la paix, Jean lui fait dire : « Comme le Père m'a envoyé, moi aussi je vous envoie. » Puis, soufflant sur eux, il leur dit : « Recevez le Saint-Esprit ! » Cette petite phrase apparaît bien inoffensive, et même ésotérique. Pourtant, il me semble que cet extrait est au cœur de l'expérience qu'ont faite les disciples de la présence vivante et vivifiante de Jésus de Nazareth, même après sa mort.

Nous, les gens de 45 ans et plus, avons connu le Dieu chrétien comme un Dieu trinitaire, le Père, le Fils et le Saint-Esprit. « Un seul Dieu en trois personnes », disait-on. C'était le dogme de la Trinité, un point de doctrine établi comme une vérité fondamentale, incontestable. L'amour caractérisait les relations entre ces trois personnes, de telle sorte qu'ils réussissaient à former un seul Dieu.

Mais cette construction rationnelle du Dieu chrétien fait-elle encore sens ? Bien sûr, le Père, le Fils et l'Esprit saint font partie de l'héritage chrétien. Ce qui me pose problème, c'est la relation qu'on a établie entre eux. En faisant du Saint-Esprit une troisième personne, autonome par rapport aux deux autres, je crois qu'on a construit un système à croire au détriment de la dynamique amoureuse entre le Père et le Fils et, par conséquent, entre le Père et chacun et chacune d'entre nous.

Ce qui est visé ici, ce n'est pas qu'une conception rationnelle de Dieu. L'enjeu pour nous, c'est rien de moins que l'accès à la joie et à la paix qu'ont ressenties les disciples en faisant l'expérience d'un Jésus vivant.

Qu'entend-on par Esprit saint ? Pour y voir plus clair, il m'apparaît nécessaire de redire à quoi l'on fait référence lorsqu'on parle d'*esprit*. Il s'agit de l'ensemble des idées ou des sentiments qui déterminent et orientent l'action d'une personne. L'occasion privilégiée que nous avons de saisir la portée du mot *esprit* se retrouve peut-être lors des temps où nous faisons mémoire de quelqu'un qui est mort. Ce qui nous reste de cette personne, c'est toute sa pensée qui a inspiré ses actes, ses comportements, ses paroles, bref, ce qui a constitué sa façon d'être en relation. Et cela ne nous est pas légué comme un héritage à ranger dans un placard. Plus cette personne nous a été chère, plus sa façon d'être, sa manière de vivre et sa façon d'entrer en relation risque d'avoir eu et d'avoir encore un impact sur notre propre façon de vivre. En cela, son esprit la garde bien vivante parmi nous, au point qu'elle participe encore à influencer les choix de vie que nous faisons.

Je crois que c'est la même expérience qu'ont faite les disciples à propos de Jésus. Rassemblés dans une maison fermée à clé par crainte de la répression des juifs, ils ont dû se rappeler ce qu'ils avaient vécu avec Jésus de Nazareth et l'esprit qui régnait entre eux. Petit à petit, cet esprit qu'ils partageaient en commun n'a pu faire autrement que de faire surgir la conscience qu'il y a quelque chose de bien vivant qui est resté de Jésus de Nazareth, qui est encore libérateur pour eux, et qui ne pouvait rester enfermé. Cet esprit, cette façon d'être et de penser à laquelle ils adhéraient, leur a fait découvrir progressivement la force collective que leur conférait le fait de choisir résolument de s'aimer les uns les autres, le fait de savoir que chacun d'entre eux était important pour tous, et qu'ils pouvaient compter les uns sur les autres.

À l'occasion de l'ouverture officielle d'une deuxième maison pour pères en difficulté, un ami me racontait comment il avait été invité par une chaîne de télévision à venir parler de l'expérience avec quatre pères qui avaient vécu dans la première maison. Entassés dans la même voiture pour se rendre au réseau en question, ils étaient nerveux et ne parlaient pas beaucoup. À cause de leur manque d'expérience de prise de parole en public, ils appréhendaient cette interview. Mais petit à petit, tout au long du trajet, les souvenirs remontaient, les rires fusaient, le plaisir et la confiance s'installaient. Si bien que rendus au studio, la parole s'est imposée d'elle-même. Je soupçonne fortement que les disciples ont vécu une expérience semblable.

Si nous revenons à l'extrait de Jean cité plus haut, en quelques phrases, l'évangéliste fait donc directement le lien entre la manifestation de Jésus ressuscité et l'*Esprit saint*. Comme si les premiers chrétiens, pour bien faire ressortir l'importance que l'esprit de Jésus avait encore dans leur vie, avaient ressenti le besoin, pour ce faire, de l'appuyer et de le fonder sur le retour à la vie du corps du crucifié.

Dans un court texte intitulé *Mourir et après*, le bibliste André Myre nous rappelle le sens du mot « corps » dans les textes bibliques. Contrairement à la tradition grecque qui conçoit l'être humain comme étant composé d'une âme immortelle et d'un corps périssable, les textes bibliques ne font pas cette distinction. Pour eux, « le corps, c'est tout l'être humain, mais vu sous un angle précis, soit celui de la communication[1] ». Le corps, c'est l'ensemble de la personne perçue dans sa capacité d'entrer en relation avec la nature, avec les autres et avec Dieu. Avec une telle conception du corps, et faisant l'expérience que ce qui leur reste de fondamentalement vivant de Jésus, c'était sa façon d'être en relation, les premiers chrétiens pouvaient-ils faire autrement que de penser que Jésus était vivant, même dans son corps ? D'où l'importance pour les évangélistes de faire manger Jésus devant ses disciples, et de les inviter à toucher ses plaies.

---

1. André Myre, « Mourir et après », dans *Vieillir en douce*.

Jésus ressuscité dans son corps aurait passé très peu de temps avec ses disciples et amis. Ce qui m'amène à penser que, pour les évangélistes, la présence réelle de Jésus vivant se retrouve dans l'esprit qui animait sa façon d'être en relation, et dont la force libératrice est vécue comme une bonne nouvelle qu'il faut annoncer. Encore pour nous, 2000 ans plus tard, ce qui nous attire chez cet homme et qui nous fait vivre, ce n'est pas le strict fait qu'il soit ressuscité, mais bien cet esprit toujours vivant qui, en nous invitant à marquer nos relations du sceau de la tendresse, du pardon et de la justice, contribue à nous rendre plus heureux.

Si l'on a pu faire mourir Jésus de Nazareth, on n'a pu éteindre son esprit. On ne tue pas et on n'enferme pas une façon d'être et de penser, une manière d'être en relation, surtout lorsqu'elle carbure à l'amour. D'où la liberté absolue de cet esprit.

Maintenant, la question se pose de savoir s'il est légitime que l'esprit de Jésus s'écrive avec une majuscule et devienne le Saint-Esprit.

De l'incarnation de l'Esprit de Dieu

Dans la tradition et la réflexion chrétiennes, le mot *incarnation* a pris une grande importance puisqu'il exprime la spécificité du Dieu chrétien : en Jésus de Nazareth, Dieu s'est *in-carné*, Dieu s'est fait chair. En Jésus, Il aurait épousé notre humanité. *Le Petit Robert* parle de « l'union intime en Jésus-Christ de la nature divine avec la nature humaine ».

Présentée comme cela, l'incarnation nous renvoie à la question soulevée au début du chapitre, à savoir l'identité réelle de Jésus. En quoi est-il divin, et en quoi est-il humain ? En faisant l'hypothèse que Jésus était de nature humaine et divine à la fois, ne risque-t-on pas d'affecter la crédibilité même de l'humanité de Jésus ? Et alors, peut-on vraiment parler d'incarnation ?

Parce qu'elle nous renvoie à notre propre liberté, je crois qu'il nous faut plus que jamais parler de l'incarnation. Mais peut-on en parler autrement ?

Se pourrait-il que Jésus de Nazareth, comme homme dans notre histoire et comme homme dans un héritage culturel propre, ait pu participer, dans sa quête de sens, à *in-carner* l'Esprit de Dieu, à donner chair à l'Esprit saint ? Comme d'autres avant lui et d'autres après lui, se peut-il qu'il ait tenu à donner un visage, des mains, un cœur aux mœurs de Dieu, car il y trouvait là une façon d'ajouter du plaisir, de la passion et de la joie aux mœurs humaines ? C'est ce qui nous fait dire que l'Esprit saint a un nom, celui d'Esprit de Jésus-Christ.

Jésus de Nazareth aurait-il pu faire l'expérience d'un Dieu-Amour et d'un Dieu-Père, et aurait-il pu nous marquer comme il l'a fait s'il n'avait pas été l'héritier d'une tradition religieuse où des hommes et des femmes ont participé à tenter d'incarner l'Esprit de Dieu en le rapprochant petit à petit du cœur des hommes et des femmes ?

L'importance de Jésus de Nazareth pour nous n'est pas de savoir s'il porte en lui une quelconque nature divine et humaine. Ce qui le rapproche de nous, et ce qui fait qu'on peut avoir le goût de se rapprocher de lui, c'est que, dans sa façon d'être, par ses paroles et ses actes, il a incarné l'Esprit qui devrait habiter nos relations et nos mœurs, si l'on veut que celles-ci servent notre liberté et notre épanouissement individuel et collectif.

C'est là que notre liberté est interpellée. L'incarnation n'est pas faite une fois pour toutes. Celle de Jésus n'a pas tout réglé. Elle n'a fait que nous tracer la voie et nous suggérer que si nous décidons à notre tour d'incarner l'Esprit de Dieu dans nos rapports les uns avec les autres, nous risquons de courtiser l'espérance et le bonheur.

Quand Jésus leur dit : « Recevez le Saint-Esprit », en soufflant sur eux, c'était sa façon de leur transmettre le message que, désormais, son mode de présence à eux et à l'humanité sera l'esprit dans lequel il a vécu son humanité, et qui s'inspirait de l'Esprit du Père. On peut décider librement de vivre ou non selon cet Esprit. Mais ce que Jésus nous rappelle, c'est que si nous choisissons, dans notre façon d'être et d'entrer en relation, de faire tout cela dans le même Esprit, nous nous étonnerons de constater que cela répond à nos aspirations les plus profondes, et nous nous émerveillerons peut-être des promesses de vie que cela implique.

Une humanisation à outrance de Jésus ?

Certains seront peut-être tentés de me reprocher de trop insister sur l'humanité de Jésus, et de chercher à le rendre trop semblable à nous, en atténuant l'aspect divin de sa personne. Mais justement, on n'insistera jamais assez sur les implications de la pleine humanité de Jésus. Il y va de la crédibilité même d'un Dieu qui a choisi de se faire connaître par des visages d'hommes et de femmes qui, librement, décident de Le laisser habiter leurs relations parce qu'ils y voient une source de libération, de paix et de bonheur.

Mais, me répondra-t-on, ne risque-t-on pas ainsi de banaliser le personnage de Jésus et d'en faire une personne humaine comme les autres ? Encore là, je soupçonne que l'avenir même de Jésus dépendra de notre capacité de reconnaître en lui un être qui s'est débattu dans la vie avec les mêmes questions, les mêmes contradictions, les mêmes illusions ou désillusions, les mêmes souffrances et les mêmes joies et espoirs que chacun d'entre nous. Notre perception de la personne humaine doit nous interdire de banaliser qui que ce soit, qu'il se nomme Jésus de Nazareth, ou qu'elle soit une personne que nous pourrions spontanément exclure ou marginaliser.

Ce qui a fait sa particularité et son importance, c'est sa relation à un Dieu qui a permis à son esprit de s'alimenter de l'Esprit de Dieu, et qui a contribué à sa fidélité dans la mise en pratique, par ses paroles et par ses actes, du « Aimez-vous les uns les autres ». Ce qui fait que les gens de son temps ont tenu à se rappeler de lui, c'est la transformation que sa présence a provoquée dans les rapports humains de son époque. Les premiers chrétiens faisaient l'expérience du plaisir, du bien-être et de la libération d'une telle façon d'être en relation.

C'est essentiellement cela qui a permis à Jésus de Nazareth de traverser 2000 ans d'histoire. Et il en sera de même pour nous. Jésus de Nazareth n'aura aucune pertinence si nous n'y trouvons pas un intérêt pour la qualité de notre propre vie. Ce qui fait que Jésus devient important pour nous, c'est qu'il nous présente une façon d'être qui rencontre nos aspirations les plus profondes, et qui, de par la confiance qu'il nous convie à construire entre nous, porte en elle-même des promesses d'avenir.

Mais en même temps, ce que Jésus de Nazareth nous rappelle, c'est que cette qualité de relations est impossible si nous ne choisissons pas et si nous ne décidons pas, librement, de nous laisser habiter par une façon d'être et de penser, par un Esprit, qui la rende accessible. Et cet Esprit n'est pas qu'une abstraction qui, comme par magie, s'installerait dans nos vies instantanément. On ne change pas des façons d'être et de penser du jour au lendemain.

Cet Esprit n'est pas non plus cette espèce de phénomène ésotérique qui verrait la table se soulever par l'effet de concentration des gens qui l'entourent. Jésus de Nazareth témoigne que sa qualité d'être humain, que son Esprit est étroitement relié à l'Esprit de Dieu, et il nous rappelle qu'il nous revient de décider librement de l'accueillir.

Qu'on le veuille ou non, décider d'établir entre nous des relations de confiance, de reconnaissance réciproque, de service mutuel, de paix, d'équité, de tendresse, cela ne va pas de soi. Nous sommes tous habités dans les coins les plus reculés de notre être par des intérêts personnels, par des insécurités, par des espaces en quête de pouvoir. En soi, cela n'est pas nécessairement mauvais et illégitime. Mais nécessairement, dans nos relations, nous serons confrontés aux intérêts, aux insécurités et aux quêtes de pouvoir des autres. Et c'est là qu'apparaissent les tensions, les conflits, les guerres.

Devant cela, qui n'a pas vécu l'expérience de moments où il y a de quoi se décourager des relations humaines? Qui n'a pas ressenti la tentation de baisser les bras, de se replier et de s'isoler devant la possibilité de relations perçues comme étouffantes et écrasantes, ou devant le refus, parfois, de relations épanouissantes, et cela, dans les lieux mêmes qui ont pour mission de renouveler les relations? Je ne peux m'empêcher de penser ici aux groupes communautaires que j'aime profondément, avec leurs grandeurs et leurs petitesses. Ce que nous dit Jésus de Nazareth, c'est qu'il se peut, et qu'il est légitime que l'esprit qui guide notre façon d'entrer en relation se fatigue et s'épuise, mais que la mort se situe justement dans la désespérance des relations humaines. Devant cela, il nous rappelle que nous ne sommes jamais seuls puisque l'Esprit de Dieu nous est toujours réoffert pour venir réalimenter le nôtre.

Mais comment faire pour que cette dernière affirmation ne soit pas que théorique, et ne soit pas perçue comme une déclaration facile et gratuite n'ayant aucune incidence sur la vie concrète? Affirmer que nous avons le choix de décider librement de vivre selon l'Esprit de Jésus, c'est poser la question de notre intérêt à le faire. Si cet Esprit demeure réellement vivant, le fait de chercher à le faire habiter ma vie provoque-t-il un changement qui ne soit pas seulement spirituel, mais qui soit aussi psychique et physique? Se peut-il que l'Esprit de Jésus contribue à me pacifier intérieurement, et à me réconcilier avec moi-même et avec les autres? Se peut-il qu'il me permette, non pas de fuir le monde, mais plutôt d'aller à sa rencontre d'une façon telle que ma vie a bien meilleur goût, et que j'en retire plus d'intensité, de passion et de jouissance?

Et alors, la question se pose: si l'Esprit de Jésus a quelque chose à voir avec ma qualité de vie, comment y avoir accès? Où sont les lieux et quels sont les moyens qui contribuent à alimenter cette façon d'être et de penser, et qui feraient en sorte que cet Esprit habite toute ma vie?

4

Une communauté au service de la vie

P OUR IDENTIFIER LE LIEU où il est possible de rencontrer des gens qui ont choisi librement de vivre des relations fraternelles selon l'Esprit de Dieu, Jésus a parlé d'*Ecclesia*, d'Église. Non pas le bâtiment où se rassemblent les chrétiens et chrétiennes pour leur liturgie, et qu'on nomme aussi *église*. Mais l'Église, cette communauté d'hommes et de femmes qui, à la suite de Jésus, ont décidé de mettre en pratique son message parce qu'ils y retrouvaient là une qualité de vie.

Si c'était le cas durant le temps de Jésus, peut-on prétendre encore que, 2000 ans plus tard, l'Église ait vraiment quelque chose à voir avec la qualité de vie ? Plusieurs trouveront sans doute inutile de s'attarder à une institution qui leur apparaît vieillissante, déphasée et sclérosée. Ils questionneront peut-être la prétention de la présenter comme un lieu dont le rôle premier est de rassembler des hommes et des femmes qui ont vu dans la qualité des relations de

Jésus de Nazareth une source de bonheur, et qui ont décidé à leur tour de tenter d'incarner l'Esprit de Dieu.

Pour eux, le passé de cette institution est trop chargé d'injustices, et son présent est tellement encombré de contradictions qu'il leur est impossible de la percevoir comme un lieu pouvant servir la vie.

Une crédibilité affaiblie

L'Église n'est-elle pas cette organisation qui fait de bien beaux discours sur les valeurs d'égalité, de justice et de démocratie, mais qui est incapable de reconnaître dans sa structure décisionnelle l'égalité en droit des hommes et des femmes?

N'a-t-elle pas un discours moraliste sur la contraception, sur les relations sexuelles, sur l'avortement, sur l'indissolubilité du mariage qui laisse peu de place à la prise en compte des conditions de vie que connaissent les personnes qui vivent ces réalités?

Ses rites et sa liturgie ne sont-ils pas tout organisés d'avance, dans un langage qui tient peu compte de la vie et du sens à lui donner, et dans une planification d'activités qui laisse peu de place à la participation?

Quand on connaît les richesses du Vatican, quelle crédibilité l'Église a-t-elle lorsqu'elle se permet de dénoncer l'accumulation des richesses et d'en appeler au partage équitable de celles-ci?

Son passé n'est-il pas entaché des massacres des Croisades, des bûchers de l'Inquisition, de son soutien aux invasions coloniales, et de ses tentatives de déculturation des peuples autochtones pour mieux les asservir aux intérêts des envahisseurs?

On pourrait multiplier encore les reproches faits à l'Église. Ceux que je viens d'énumérer représentent un résumé très succinct des critiques les plus souvent exprimées à son endroit, de l'intérieur comme de l'extérieur. Et elles ne sont pas sans fondement. Mais une fois les critiques formulées, est-ce que l'Église n'a été que ça ?

L'Église comme lieu d'une qualité d'être en relation ?

Il y va de l'Église comme de tout pays. Elle a deux histoires. Celle, officielle, qu'on lit dans les livres, et qui raconte les intrigues et les exploits des dirigeants et des puissants de ce monde. Et l'histoire inconnue, celle des peuples, des hommes, des femmes et des enfants qui ont eu à se débattre avec la vie, qui ont trop souvent été victimes de l'histoire des puissants, mais qui, au quotidien, ont jeté les bases des valeurs profondes qui façonnent l'histoire de la solidarité et de la fraternité.

S'en référer exclusivement à l'histoire officielle et aux dirigeants de l'Église, c'est non seulement fausser la réalité même de l'Église, mais c'est aussi risquer de se priver du lieu privilégié où il nous est possible de se rappeler et de se réalimenter à l'Esprit de Dieu.

La question qui me semble centrale pour nous par rapport à l'Église est la suivante. Peut-elle encore être d'une quelconque utilité pour la qualité des relations que nous établissons entre nous ? On peut être heureux qu'elle nous ait fait connaître un puissant témoignage d'une façon de vivre selon l'Esprit de Dieu en permettant à la réputation du Nazaréen de traverser les 2000 ans d'histoire qui nous séparent de lui. Mais est-ce que cela suffit ? Cette

Église, lorsqu'elle est née, se devait-elle d'être au service de Jésus de Nazareth, ou plutôt au service des hommes et des femmes qui se sont reconnus dans l'invitation qu'il leur lançait de s'aimer les uns les autres ?

Tout comme pour les premiers chrétiens, l'Église ne sera pertinente pour nous que dans la mesure où elle répondra à un besoin ressenti intérieurement. La question est de savoir à quels besoins elle peut répondre.

Qu'on se le dise, les relations entre les personnes, entre les collectivités et entre les peuples ne vont pas de soi ! Notre poète national, Gilles Vigneault, le chante et le répète : « Qu'il est difficile d'aimer » ! Les altercations entre frères et sœurs, les tensions entre les parents et leurs enfants, les peines d'amour, les procès des couples qui s'entredéchirent, les querelles entre voisins, les conflits de travail, la haine des peuples qui s'entretuent, témoignent tous de l'immense fragilité des relations.

Curieusement, nous sommes faits de telle façon que, même si nous aspirons tous au bonheur, et que nous savons que cela passe nécessairement par la voie de l'amour, il nous est plus facile de nous laisser emporter par l'indifférence, le mépris et la haine.

Si nous sommes séduits par la qualité d'être de Jésus de Nazareth qui est venu donner de la crédibilité à un Dieu d'amour qui nous invite à embrasser le projet de nous aimer les uns les autres, le défi de réaliser ce projet porte ses propres conditions de réussite. Il nous est impossible de répondre à l'appel de nous aimer, et surtout de persévérer en ce sens, sans un lieu où il nous est possible de rencontrer d'autres personnes qui ont fait le même choix. Un lieu où nous nous sentons aimés, où nous sommes importants pour des personnes et où celles-ci le sont pour nous. Un lieu où nous partageons avec elles nos amours fatiguées. Un lieu où nous réaffirmons notre détermination à nous soutenir les uns les autres et à continuer en ce sens. Un lieu où nous sommes les uns pour les autres des rallumeurs d'espoir d'un amour toujours possible, parce que nous y trouvons là un réel plaisir de vivre.

Cela ne signifie pas que ce lieu nous met à l'abri de l'indifférence, des tensions, des conflits, de l'antipathie et même de l'hostilité. Cela ne nous dispense pas des conflits nécessaires qu'implique l'engagement pour la justice et la dignité des personnes. Mais cela nous permet de trouver un endroit où il existe des gens qui ont choisi d'entretenir, en eux et entre eux, un Esprit, une manière d'aborder ces réalités, qui cherchent à les dépasser, et à faire en sorte que nos relations se construisent sur la paix, la compassion, le pardon, la solidarité.

L'Église, fruit d'une expérience libératrice

Cela ne s'est pas passé autrement avec les disciples et les premiers chrétiens. Jésus de Nazareth n'a pas décrété l'acte de fondation d'une organisation de personnes qui, juxtaposées les unes aux autres, auraient en commun d'adhérer à un même contenu de foi. L'Église ne constituait pas l'objectif principal de sa prédication. C'était plutôt le Royaume de Dieu qui lui importait, cette terre où il aurait voulu que les hommes et les femmes reconnaissent le Dieu-Père débordant de tendresse pour eux, et, se considérant comme frères et sœurs, décident de se débarrasser de toutes formes d'exclusion et d'injustice.

L'Église est née lorsque ceux et celles qui ont pris au sérieux le message de Jésus et qui ont risqué de s'aimer les uns les autres ont fait l'expérience du plaisir et du bien-être que leur donnait cette façon de vivre. La vie y ayant meilleur goût, ils aimaient se rassembler pour s'entraider, pour manger ensemble, pour échanger sur les moyens de se donner de la vie en abondance, pour prier. C'est ainsi que, petit à petit, s'est créée autour de Jésus la petite communauté d'hommes et de femmes qui avaient reconnu dans cette manière fraternelle d'être en relation les uns avec les autres une façon d'être heureux.

Le livre des Actes des Apôtres donne un aperçu de la vie des croyants peu après le départ de Jésus. « Tous les croyants étaient unis et partageaient entre eux tout ce qu'ils possédaient. Ils vendaient leurs propriétés et leurs biens et répartissaient l'argent ainsi obtenu entre tous, en tenant compte des besoins de chacun. Chaque jour, régulièrement, ils se réunissaient dans le temple, ils prenaient leurs repas ensemble dans leurs maisons et mangeaient leur nourriture avec joie et simplicité de cœur. Ils louaient Dieu et ils étaient estimés par tout le monde. » (*Actes* 2, 44-47)

Ce style de vie avait déjà commencé du temps de Jésus. Petit à petit, la prise de conscience de cette *ecclesia,* de cette nouvelle communauté en train de naître, a dû se développer dans la tête de Jésus et dans celle de ses disciples. Et comme il savait qu'il ne serait pas éternel, il lui fallait penser à des façons de s'assurer que cette qualité d'être et de relation lui survive. Bien sûr, le fait d'identifier une personne qui aurait la charge de cette communauté après sa mort représentait un embryon de structure qui pouvait servir la continuité de la communauté. C'est ainsi que Pierre fut choisi comme la pierre sur laquelle Jésus allait bâtir son *ecclesia.*

Un avenir enraciné dans la mémoire

Mais lorsqu'on veut laisser en héritage une façon de vivre, une qualité d'être, aucune structure, si puissante soit-elle, ne peut assurer à elle seule sa pérennité. Et Jésus de Nazareth l'avait bien compris lorsque, la veille de sa mort, lors de son dernier repas pris avec ses disciples, il leur avait laissé un puissant symbole pour qu'ils puissent se rappeler de la qualité de vie qu'ils avaient vécue avec lui, et pour qu'ils en soient à leur tour des artisans.

Leur présentant le pain et le vin qu'il avait bénis, et dont il voulait qu'ils soient sources de bienfait pour eux, il avait dit à ses apôtres : « Prenez et mangez-en tous, ceci est mon corps. Prenez et buvez-en tous, ceci est mon sang... Faites ceci en vous souvenant de moi. »

Il me semble que Jésus de Nazareth ne pouvait pas trouver meilleur symbole pour attiser la flamme de l'amour chez ses disciples des 2000 années à venir. On ne peut pas s'asseoir longtemps à la même table avec une ou des personnes qu'on a peine à aimer. On peut difficilement partager le pain et le vin sans s'assurer qu'il y en ait pour tout le monde. Et on ne peut surtout pas faire mémoire de Jésus de Nazareth sans questionner des relations qui laisseraient encore de la place à l'exclusion et à l'injustice.

Comment traduire cela pour aujourd'hui ? C'est comme si, lorsque nous partageons le pain en faisant mémoire de lui, il nous disait : « À chaque fois que vous ferez cela entre vous, en mémoire de moi, ma façon d'être, mon type de présence au monde, l'esprit avec lequel j'ai vécu ma vie et qui a cherché à incarner l'Esprit de Dieu sera parmi vous. Le pain et le vin partagés autour d'une même table seront le symbole de l'entraide, de la solidarité, de la compassion et de la tendresse que vous aurez les uns pour les autres. À chaque fois que vous ferez cela, c'est comme une déclaration d'amour que vous vous ferez, dans laquelle vous vous redirez les uns aux autres que vous voulez continuer à laisser vos relations s'imprégner de la mentalité de Dieu. »

Il me semble que le fondement de l'Église est là. Il n'est pas d'abord dans la décision de Jésus de la faire exister comme organisation au service d'un gourou. Il est dans la qualité des relations que des hommes et des femmes ont décidé d'établir entre eux, à l'invitation de Jésus. Il est dans le plaisir et la joie de se rencontrer pour tenter de discerner les formes que doit prendre l'amour pour aujourd'hui, et pour se redire l'importance que nous avons les uns pour les autres. Notre persévérance dans notre détermination à construire des relations fraternelles se nourrit de la qualité de relations déjà existantes.

Par conséquent, si la mission de cette communauté de croyants est de rassembler des hommes et des femmes heureux du fait que leurs relations se vivent dans l'Esprit de Jésus, tous les moyens que l'Église a pris en terme de rites, de règles, de spiritualité, d'institutions devraient servir avant tout ce bonheur, et contribuer à renforcir la qualité de ces relations.

Plusieurs seront alors tentés de faire remarquer qu'au contraire, l'Église ne transpire pas ce bonheur, que l'image que nous renvoient les visages qui la composent est celle de gens qui respirent rarement la joie, que peu de complicité se dégage de ses membres, que l'appareil ecclésial, dans toute sa lourdeur, a plutôt tendance à étouffer la vie plutôt que de favoriser son éclosion.

Je laisse aux historiens de l'Église le soin d'analyser les facteurs qui ont fait qu'on en soit arrivé là. Ce sur quoi je veux insister, c'est que les prêtres, les évêques et le pape ne constituent pas l'Église à eux seuls. Ils en sont peut-être les membres les plus visibles parce que la tradition a fait qu'ils se sont approprié la prise de parole publique sur Dieu et sur la façon d'organiser la communauté qu'est l'Église. Mais ce serait contraire à la réalité de penser que ceux-ci forment une entité homogène. Parmi eux, il y en a peut-être plus qu'on pense qui souffrent d'une telle situation, et qui trouvent que le changement se fait beaucoup trop lentement. Je trouverais dommage que les personnes qui ne se reconnaissent pas dans le discours et l'image que les pasteurs dégagent de l'Église se privent d'un lieu où il fait bon vivre, et qui contribue à leur propre qualité de vie.

Jésus lui-même, en questionnant la façon dont les maîtres de la Loi et les prêtres de son époque parlaient de Dieu, a contribué à démocratiser le débat sur Dieu et sur la façon d'entrer en relation avec Lui. Si nous trouvons là un chemin vers le bonheur, il nous revient de participer à ce débat.

Ce qu'il faut se redire, c'est qu'avant d'être une institution, l'Église est une communauté de vie, au service de la vie. Si avec ses règles, ses rites et sa structure elle s'éloigne de ce service, nécessairement, ce sont les hommes et les femmes qu'elle prétend servir qui prendront leur distance, en gardant avec eux cette soif inassouvie d'un lieu de spiritualité et de relations plus signifiantes.

Ce qui m'importe, c'est de rappeler que la relation au Dieu de Jésus ne peut se vivre de façon exclusivement individuelle et solitaire. Parce que la personnalité de Dieu ne se laisse découvrir que par des visages d'hommes et de femmes qui ont tenté d'incarner son Esprit ; parce que cet Esprit en est un d'un Dieu-Père qui nous renvoie vers les autres de façon libératrice, dans une manière d'être et d'entrer en relation différente ; parce qu'un changement d'attitude et de comportement exige un effort continuel de discernement et de recommencement qui ne peut se faire seul, la relation au Dieu de Jésus se vit nécessairement en communauté. Il revient alors à chacune et à chacun d'entre nous de participer à créer la communauté qui alimente notre passion de vivre.

À ceux et celles qui s'inquiéteraient parfois du petit nombre de personnes avec lesquelles ils peuvent partager leur foi, faut-il rappeler la courte phrase de Jésus : « Là où deux ou trois d'entre vous se réuniront en mon nom, je serai au milieu de vous. » L'Église, elle est aussi là.

D'autres s'interrogeront peut-être sur le bien-fondé de petits groupes qui ne sont pas rattachés de façon formelle à une paroisse ou à l'Église-institution. Je rappellerai alors ce passage où Jean demande à Jésus : « Maître, nous avons vu un homme qui chassait les esprits mauvais en ton nom et nous avons voulu l'en empêcher, parce qu'il n'appartient pas à notre groupe. » Et Jésus lui a répondu : « Ne l'en empêchez pas, car celui qui n'est pas contre vous est pour vous. » (*Lc* 9,49-50)

Il n'y a donc pas de groupe de personnes qui possèdent ou qui doivent chercher à posséder le monopole de cette façon d'être en relations selon l'Esprit de Dieu. Il revient à chacun et chacune de construire cette communauté qu'est l'Église, et qui est au service de la vie.

Le rituel et la symbolique
comme modes d'expression de l'amour

Parce que nous sommes des êtres d'esprit et de relations, nous vivons des expériences qui ne sont pas palpables et qu'on ne peut toucher par nos cinq sens. L'amour, la haine, la joie, le mépris, l'émerveillement, les intentions sont de cet ordre. Pourtant, jamais il ne nous viendrait à l'esprit de penser qu'à cause de l'absence de densité physique de tels sentiments, ceux-ci ne font pas partie de la réalité. Nous avons besoin de recourir au langage pour les exprimer. Et ce langage peut être verbal, non verbal, corporel, rituel, symbolique, etc.

Les anneaux offerts le jour des noces sont beaucoup plus qu'une pièce de métal pour ceux qui se les échangent. Ils sont chargés de l'amour réciproque et de la volonté d'engagement et de durée des nouveaux époux. Les anneaux deviennent le signe et le symbole d'une réalité qui se vit entre deux personnes. On peut en dire autant du bouquet de fleurs offert à l'occasion de la fête des mères, du souper aux chandelles entre deux amoureux, de la carte de fête donnée à un enfant ou à un ami.

Or il en va de même de la vie d'une communauté. Parce que celle-ci est porteuse de vie, et parce qu'elle se veut au service de la vie, elle aura besoin de rites et de symboles qui soient l'expression de la vie en son sein, mais qui soient aussi créateurs de vie. Une déclaration d'amour, lorsqu'elle est sincère, ne fait pas que dévoiler au grand jour l'amour déjà là. Elle a comme conséquence d'intensifier, de consolider, de renouveler cet amour. Or une communauté d'hommes et de femmes qui situent l'amour des uns et des autres comme fondement de leur rassemblement ne peut se dispenser de ce détour obligé vers les rites et les symboles pour exprimer et recréer cet amour.

Voilà pourquoi, depuis 2000 ans, les chrétiens et chrétiennes se sont dotés de signes et de rites qu'on a appelés les sacrements, et d'une liturgie qui cherche à rendre plus signifiants ces rituels.

Je persiste à penser que ceux-ci se doivent d'être autant d'occasions de déclarations d'amour que les chrétiens et chrétiennes sont invités à faire à Dieu et à se faire entre eux, pour que la vie ait meilleur goût, du fait que leurs relations y gagnent en qualité.

En disant cela, je crains que plusieurs me qualifieront d'idéaliste, habité d'une naïveté qui flirte avec l'innocence. Car si les sacrements doivent être au service de la vie et de l'amour, qu'est-ce qu'il y a de vivant et de passionnant dans la liturgie de l'Église ? Est-il possible de faire mémoire du dernier repas de Jésus avec ses disciples, de communier au pain et au vin, sans dire un seul mot à son voisin ? Ce sacrement de l'Eucharistie peut-il participer à libérer les relations, s'il ne se prolonge pas dans le partage de la nourriture, du vêtement, du logement, de l'emploi, des terres, des moyens d'accès à l'éducation, à la santé, à la culture ?

Le baptême n'est-il pas encore présenté comme le rite d'entrée dans la grande famille de Dieu ? Comment alors ne pas entendre la question d'une enfant de première année qui demande si les gens qui n'ont pas été baptisés en sont nécessairement exclus ? Si le sacrement se doit d'être au service de la vie et de la fraternité, peut-on continuer à présenter un rite d'inclusion qui porte en lui-même un caractère d'exclusion ? Peut-on encore ignorer que nous vivons dans une société multiculturelle dont plusieurs des membres n'ont pas été baptisés, et qui exige que nous remettions en question notre conception du baptême ? N'est-ce pas plutôt la naissance qui confère l'appartenance à la grande famille de Dieu ?

La confirmation, ce sacrement de l'Esprit, aura-t-elle un impact sur notre qualité d'être, si elle est présentée comme étant reçue comme par magie, sans faire ressortir l'acte libre de décider d'orienter nos comportements et nos attitudes selon cet Esprit de filiation et de fraternité commune ?

Ce n'est pas le lieu de m'attarder ici sur chacun des sacrements. Nous pourrions continuer à nous poser des questions comme des spectateurs de l'extérieur, en faisant ressortir les limites qu'ont les sacrements à contribuer à la qualité des relations. Mais si nous nous posons la question de l'intérieur, en tant que membres d'une communauté de personnes voulant vivre selon l'Esprit de Jésus, et préoccupées d'exprimer la qualité d'être et la qualité de vie qui nous habite, nous ne craindrons pas de revoir, d'inventer ou de créer, par des gestes et des objets symboliques, de nouveaux signes qui façonnent l'amour et produisent de la vie.

Plusieurs prêtres et pasteurs se sentent perturbés par tant de couples et de parents qui ne participent pas à la messe dominicale et à la vie communautaire mais qui veulent se marier et faire baptiser leur enfant à l'église. Selon les témoignages entendus, ils se sentent utilisés par des couples et parents « qui viennent à l'église uniquement quand cela fait leur affaire ».

Mais dans une culture de sécularisation et de laïcité, peut-on concevoir et pratiquer les sacrements comme on le faisait dans une société à culture dominante religieuse ? Nous sommes dans un contexte où les jeunes parents ont peut-être reçu un enseignement religieux à l'école, mais où ils n'ont pas vécu dans une culture de foi qui embrasse leur quotidien et qui contribue à donner sens à leur vie. Il n'y a pas eu de liens entre ce qu'ils ont appris et ce qu'ils ont vécu. Peut-on leur reprocher de percevoir intuitivement une part de sacré dans ce qu'ils vivent, sans nécessairement voir la pertinence du message chrétien?

Qu'est-ce que la communauté qu'est l'Église a à offrir à de nouveaux parents qui font l'expérience d'une joie qui les dépasse, et pour qui un événement aussi percutant que l'entrée d'une nouvelle vie dans le monde se doit d'être fêtée? Les parents ne sont-ils pas piégés, lorsqu'à l'occasion de la naissance d'un enfant, ils ne se voient offrir que le baptême qui constitue l'entrée dans une communauté d'hommes et de femmes qui adhèrent au Dieu de Jésus-Christ? Alors que cette adhésion ne leur est pas acquise, alors qu'ils ne la connaissent pas et qu'ils n'ont pas encore fait l'expérience de la communauté, comment le baptême peut-il faire sens pour eux? N'y aurait-il pas une place pour une célébration d'accueil de cette nouvelle vie qui fait la joie des parents, des amis et de la famille élargie, et où pourrait être réaffirmé haut et fort ce désir commun de rendre cet enfant heureux?

Il en est de même pour des personnes qui se sont choisies, et dont l'amour les amène à envisager, ensemble, l'avenir. Sans croire nécessairement au Dieu de Jésus-Christ, ils ressentent bien que ce qu'ils vivent est d'une telle dimension que cela ne peut être réprimé dans les murmures des couloirs sombres des palais de justice. L'Église peut-elle être présente à ce que vivent ces deux personnes, et contribuer à donner du sens et de la profondeur à ce qu'ils vivent?

D'aucuns me répondront peut-être que ce n'est pas là le rôle de l'Église. Je rappellerai que l'Église, comme communauté, n'est pas là pour elle-même. Elle est là pour qu'il y ait de la vie, et qu'il y en ait en abondance. Elle se doit donc d'être là où la vie se passe, en étant créatrice et accueillante pour trouver les mots justes qui expriment et créent la vie.

Il faut s'aimer pour prier

Dans notre société de consommation où tout se paie, où même le temps, c'est de l'argent, et où, par conséquent, on n'a plus de temps pour soi ; dans notre culture de l'efficacité où l'on doit produire à tout prix, où l'on doit être performant et donner le meilleur rendement, à quoi peut bien servir la prière ? Celle-ci n'est-elle pas synonyme d'un certain ascétisme réservé aux religieux et religieuses « qui ont donné leur vie à Dieu », ou aux aînés qui ont grandi dans une culture religieuse et qui croient encore à ce que plusieurs appelleraient une forme de superstition ?

Mais se peut-il que la prière n'ait rien à voir avec la propriété privée d'une communauté religieuse, ou avec une quelconque forme de magie ou de fétichisme ? Se pourrait-il qu'elle soit, au contraire, directement reliée au plaisir, en ce qu'elle est ce temps d'arrêt, cette période de temps précieuse que l'on s'accorde à soi, pour retrouver ce qui fait sens à ce que l'on est et à ce que l'on fait ?

Tout comme Dieu et l'Église, la prière n'aura de sens que si elle sert la joie et le plaisir de vivre des hommes et des femmes. On ne cherche pas à vivre selon l'Esprit de Dieu parce que celui-ci nous le demande. On le fait parce qu'on y voit une source de bien-être et de bonheur, individuel et collectif. En ce sens, la prière, qu'elle soit individuelle ou collective, constitue un moment privilégié pour se laisser habiter de l'Esprit de Dieu, et faire en sorte que notre qualité d'être et de relations s'apparente à celle de Jésus de Nazareth. Elle vient unifier nos vies en contribuant à faire le ménage dans les multiples sollicitations auxquelles nous sommes confrontés, et qui font que nous sommes tiraillés, écartelés, souvent insatisfaits d'avoir l'impression que la vie nous mène, plutôt que ce soit nous qui l'orientions.

Qu'on se le dise ! Il faut s'aimer pour prier. Il faut se vouloir du bien. Il faut se vouloir du temps. Il faut se trouver assez digne et assez beau et belle pour être capable de gratuité et de tendresse envers soi-même.

Il m'est bon, lorsque je me sens profondément seul, ou inutile, ou ignoré, ou même méprisé, de m'arrêter et de me rappeler la parole que Dieu adresse à Jésus et à chacun d'entre nous : « Tu es ma fille ou mon fils bien-aimé en qui je mets toute ma joie. »

Habité par la vigueur de mes 20 ans, il m'est bon, devant mes angoisses du futur, de me faire redire : « Vois les oiseaux du ciel. Ils ne sèment ni ne moissonnent, et mon Père pourvoit à leurs besoins. Ne vaux-tu pas plus qu'eux ? Ne t'inquiète donc pas du lendemain. »

Tendu entre la sécurité que me confère l'argent, et la liberté que m'apporte l'engagement avec les pauvres et les exclus, il m'est bon de me faire redire : « Tu ne peux servir deux maîtres, Dieu et l'argent. »

Il m'est bon, lorsque j'ai peine à me pardonner un geste que j'ai fait ou que je n'ai pas fait, de me rappeler un Dieu qui, tel le père de l'enfant prodigue, me pardonnera sans condition, m'invitant à faire de même envers moi-même.

Il m'est bon, dans l'exercice quotidien des tâches qui me sont confiées, au travail ou à la maison, ou dans mes rêves de vouloir changer le monde dès demain, de voir Jésus laver les pieds de ses disciples et de l'entendre nous dire : « Faites ceci, et vous serez heureux. »

Il m'est bon d'entendre : « Laissez venir à moi les petits enfants. C'est à eux qu'appartiennent le Royaume de Dieu. » Cela fait ressurgir l'enfant en moi.

Je ne me fatigue pas d'entendre et de réentendre cette mélodie toute simple : « Aimez-vous les uns les autres ! »

Il m'est difficile mais libérateur d'accueillir l'invitation : « Aimez vos ennemis. » Elle m'est d'abord un chemin de paix avec moi-même.

Il m'est doux d'entendre : « Venez, les bénis de mon Père, et recevez le Royaume qui a été préparé pour vous depuis la création du monde. Car j'ai eu faim, et vous m'avez donné à manger ; j'ai eu soif, et vous m'avez donné à boire ; j'étais étranger, et vous m'avez accueilli chez vous ; j'étais nu et vous m'avez habillé ; j'étais malade et vous avez pris soin de moi ; j'étais en prison et vous êtes venus me voir. » J'ai le sentiment de contribuer, avec d'autres, à l'avènement de ce Royaume.

Mais comment entendre toutes ces paroles qui font du bien, si je n'arrête pas la course qui m'emporte vers les mirages du succès, de la consommation, du pouvoir ? Comment être attentif à ces appels de l'intérieur, si je ne fais pas taire durant quelques minutes les bruits de l'extérieur ? Se peut-il que la prière nous permette de troquer l'ivresse pour l'intensité ?

Et si, en méditant sur les phrases évangéliques citées, la prière contribuait à ma conviction que je suis un être aimable ? Si elle me conviait à parier sur l'avenir en m'invitant à jeter les bases de la confiance entre les personnes, condition de la confiance aux lendemains ? Si elle me rappelait que l'argent n'est pas sale et méprisable, mais qu'il doit toujours être un serviteur et non un maître ? Si elle m'incitait au pardon envers moi-même ? Si elle me rappelait que tout pouvoir ne mène au bonheur que dans la mesure où il se fait service ? Si elle me permettait d'expérimenter comment la haine des ennemis, si compréhensible soit-elle, est une spirale sans fin qui s'alimente d'elle-même et qui nous détruit de l'intérieur, jusqu'au risque de nous transformer en fauves les uns pour les autres ?

Si elle nous permettait de prendre conscience que le Royaume de Dieu n'est rien d'autre que cette terre où se construit une qualité de relations où ceux qui ont faim et soif auront quelque chose à manger et boire, où les malades et prisonniers seront visités, où l'étranger sera accueilli ?

Bref, si la prière contribuait à dépolluer nos relations, avec nous-mêmes d'abord, et avec les autres ensuite, pour tout simplement goûter au bonheur ?

Tout comme Dieu et l'Église, la prière est au service de notre qualité d'être. Dans cette société qui prône les valeurs de consommation, d'efficacité, de productivité, de compétition, il faut s'aimer pour prendre le temps de se laisser habiter de l'Esprit de Dieu, et pour se faire du bien par la prière.

Conclusion

Pour que jaillisse l'Espérance

Vivre d'Espérance ! Voilà, pour moi, ce qui est au cœur de la qualité de vie. Pourtant, rarement en entend-on parler lorsqu'on tente de définir les ingrédients de cette qualité de vie. On parlera plutôt d'un revenu décent, de conditions de travail respectables, d'un endroit où l'accès à l'air pur et à l'eau non polluée nous fait apprécier les splendeurs de la nature, d'un rapport au temps qui ne fasse pas de nous des esclaves du travail. Et bien sûr, tout cela en fait partie.

Mais est-ce que ceux et celles qui n'auraient pas accès à de telles conditions sont condamnés à vivre une vie qui soit terne ou médiocre ? Et pour ceux et celles qui y auraient accès, cela les assure-t-il vraiment d'une vie de qualité ? Ne peut-on avoir accès à de très bonnes conditions de vie, et avoir le sentiment d'une vie fade et éteinte? Ou vivre continuellement dans l'angoisse que ces conditions de vie nous échappent ou nous soient inaccessibles?

Une vie de qualité, quant à moi, se doit d'être habitée par la passion et l'intensité que seule l'Espérance peut allumer et entretenir. Je ne parle pas ici de l'espérance d'une vie après la mort, tel qu'on l'entend souvent. Je ne parle pas non plus de l'espérance comme principe théorique, ou comme concept abstrait, ou comme vertu théologale telle que certains d'entre nous l'ont appris dans leur petit catéchisme. Je veux parler de l'Espérance au quotidien qui s'enracine dans les valeurs de justice, de solidarité, de fraternité et de paix à construire au cœur même des conditions de vie des gens. Je veux parler de cette Espérance qui jaillit lorsque des personnes agissent individuellement et collectivement pour se donner du pouvoir sur leur vie, et qui, pour ce faire, ont opté pour travailler à ce que la confiance s'établisse entre elles. Notre plaisir de vivre prend de l'amplitude lorsque nous participons à augmenter notre emprise et notre contrôle sur le présent, car cela nous permet de découvrir notre pouvoir de le transformer. Avant d'être promesse d'avenir, l'Espérance se veut artisane du présent.

Il y a de l'Espérance qui surgit chez cet ex-prisonnier que l'on met en charge de l'équipe des plongeurs au Chic Resto Pop, et qui fait l'expérience qu'à 45 ans, c'est la première fois qu'on lui fait confiance. Il y a de l'Espérance qui naît chez cette jeune femme décrocheuse qui prend le risque de surmonter sa peur de l'échec pour s'inscrire à un projet de formation académique, et qui redécouvre à son grand étonnement ses capacités d'apprendre, et qui fait surtout l'expérience du succès.

Il y a de l'Espérance qui jaillit d'un premier amour ou d'un premier emploi. Ceux-ci constituent une forme de reconnaissance et consolident la confiance en soi. L'entraide manifestée lors des inondations du Saguenay ou lors de la crise du verglas a été facteur d'Espérance en ce qu'elle a permis, par l'expérience de la solidarité d'un peuple, de garder ouverts des chemins d'avenir, malgré les débordements des forces de la nature.

L'Espérance surgit lorsque notre regard par rapport à nous-mêmes est transformé et lorsqu'il nous rend acteurs de notre propre histoire. Le regard que l'on pose sur l'avenir est organiquement relié au regard que l'on pose sur soi et sur les autres. La confiance en l'avenir n'est rien d'autre que la confiance en soi et aux personnes qui partagent notre passage sur cette terre. Or notre plaisir de vivre prend de l'envol et l'Espérance s'enracine à chaque fois que nous participons à mettre en place les conditions d'émergence de la confiance.

La confiance n'est jamais acquise, elle se mérite. Elle n'est jamais donnée, elle se gagne. Elle est surtout un risque où l'on a plus à gagner qu'à perdre. Et elle commence dans notre quotidien, dans la famille, à l'école, au cégep, à l'université, au travail, dans le quartier, là où nous décidons de rompre le silence, l'anonymat, l'isolement, l'indifférence, pour pratiquer l'entraide et la solidarité.

Ces conditions d'émergence de la confiance sont à établir dans nos relations personnelles comme dans nos relations collectives, à travers les réalités économiques, politiques, sociales et culturelles qui sont les nôtres.

Cela ne signifie pas qu'il n'y a pas de moments où les espoirs se font ténus, fragiles et même absents. Mais l'Espérance est justement ce mouvement de fond qui permet de conserver le goût de vivre là où les espoirs s'éteignent. Si elle constitue la source pour faire émerger des projets, elle ne se dissout pas dans ceux-ci, de sorte que son avenir ne dépend pas de la réalisation ou non de ces derniers.

Dans la mesure où la dynamique de nos sociétés nous incite à nous isoler les uns des autres, à compétitionner entre nous, à nous méfier des uns des autres, à multiplier, sous le mode de la consommation et de l'utilitaire, des relations ponctuelles et à très court terme, l'avenir sera toujours menaçant. Il me semble alors que l'urgence posée à la qualité de vie d'aujourd'hui est celle de l'Espérance et de la confiance.

Or je me permets d'affirmer que le pari d'une relation et de la confiance au Dieu de Jésus-Christ ajoute à nos chances de relever avec succès le défi de la confiance en soi, aux autres et en l'avenir. Pour qu'elle soit possible, celle-ci exige une façon de penser, une manière d'être, un esprit. Or l'action et les paroles de Jésus de Nazareth ont mis sur la place publique le défi pressant d'une confiance réciproque à établir, et ont incarné l'esprit, la manière d'être nécessaires à l'avènement de celle-ci. Jésus de Nazareth nous rappelle constamment que son esprit était branché à l'Esprit d'un Père qui nous invite à nous traiter en frères et sœurs.

Or c'est cet Esprit qui nous est laissé, et auquel nous sommes invités à notre tour à nous connecter, pour que notre manière d'être en relation se fasse l'artisane de relations de confiance réciproque. Je fais le pari que nous ne cesserons de nous étonner de la joie, du bonheur et surtout de l'Espérance qui nous habiteront.

Épilogue

Le Dieu de l'an 2000 : un poinsettia !

Et pour alimenter cette Espérance, à la suggestion de plusieurs amis, je joins le texte d'une présentation que j'avais faite en décembre 1999, lors d'une soirée organisée par la maison d'édition Fides sur le thème : *Le Dieu de l'an 2000*.

Alors que je réfléchissais sur ce thème, mon attention fut attirée par un poinsettia resplendissant de son feuillage écarlate qui m'invitait discrètement à me rapprocher de lui. Se penchant vers moi, il me chuchota à l'oreille : « Je suis le Dieu de l'an 2000. Si tu le veux, je peux te dire quelques mots sur moi. »

Un peu déstabilisé devant une telle prétention affirmée de façon si discrète, j'acceptai de lui tendre l'oreille. Voici ce qu'il m'a confié.

« On dit que je suis de don. Mais je suis aussi et surtout de choix et de décision. Je suis là pour agrémenter ta vie, pour y ajouter du plaisir, de la beauté et de l'intensité. Tu peux décider que tu n'as pas besoin de moi pour cela, comme tu peux choisir de me réserver une place dans ton jardin. Je suis de décision.

« Je suis d'impuissance. À ce que j'entends dans tes prières, paraît-il que je suis tout-puissant pour les siècles des siècles. Je serais même le Seigneur de l'histoire. Mais les Seigneurs possèdent le pouvoir. Sans vouloir te chagriner et te décevoir, sache et vois que je suis d'une totale impuissance. Tu es *la* ou *le* vrai seigneur de l'histoire. Tu as plein pouvoir sur tout ce qui vit. Pouvoir de vie et de mort. Tu peux détruire ton environnement, tu peux torturer, tuer, faire la guerre, maintenir tes frères et tes sœurs dans la pauvreté, la misère, l'isolement et l'esclavage, je n'y puis absolument rien. Tu peux même te servir de mon nom pour ce faire. Je suis d'impuissance.

« Je suis d'une immense fragilité. Tu peux m'ignorer, m'arracher, me faucher, me piétiner. C'est toi qui as plein pouvoir sur moi. Ton pouvoir est à la mesure de ma précarité. Mon propre avenir est entre tes mains, et il est relié au tien. Si tu crois que je peux contribuer à ton bonheur, je serai là. Mais sinon… Je suis d'une profonde fragilité.

« Je suis de silence. Je ne parle pas autrement qu'avec mes odeurs. Je chuchote. Je ne crie pas autrement qu'avec mes formes et mes couleurs. Je murmure. À chaque jour, je suis sur ton chemin, mais jamais au travers de ta route. Si tu ne choisis pas de ralentir tes pas, et de faire taire les bruits qui t'habitent, tu ne sauras me percevoir, me flairer, me contempler. Je suis de silence.

« Je suis de temps. Si un jour, il t'arrive d'arrêter ta course pour prendre le temps de me désherber, de m'arroser, de me humer et de me contempler, tu t'étonneras des moments de plaisir et de paix qui t'envahiront. Et tu questionneras le sens de cette course effrénée.

« Je suis de présence. Bouleversé par les angoisses ou les malheurs qui t'assaillent, tu viendras te confier à moi, espérant un peu de réconfort… Je t'écouterai. Tu me manifesteras ton impatience, et même ta colère devant la maladie qui t'affecte, devant la mort d'un être cher, devant les injustices qui t'entourent, devant les peurs et les angoisses du lendemain, devant tes fatigues et tes impuissances… Je t'écouterai. Devant mon silence, qui te semblera parfois de l'indifférence, tu te révolteras peut-être, retenant ce désir de me renverser d'un seul élan du pied… Au cœur de mon silence, je te renverrai à tes propres choix, mais en étant toujours avec toi. Je suis de présence.

« Je suis de pardon. Tu pourras tromper, mentir, voler et même tuer, prisonnier que tu es de tes blessures d'enfance. On te jugera, on te condamnera, on te méprisera. Si ton regard peut encore s'attendrir sur ton jardin, et se laisser surprendre et allumer par ma présence, tu seras confondu de découvrir que je suis toujours là, pour toi. Tu es ma fille, tu es mon fils bien-aimé en qui j'ai mis toute ma joie. Je ne suis là que pour t'inviter à transformer ton propre regard face à toi-même. Je suis de pardon.

« Je suis de gratuité et de tendresse. Je n'ai d'autre utilité que celle de faire vibrer le sens de l'émerveillement qui t'habite. Imbu de cette gratuité et de cette tendresse, tu ne pourras plus supporter la misère et la souffrance de tes frères et de tes sœurs. Bien sûr, en quête de paix intérieure et de beauté, tu seras toujours tenté de détourner d'eux ton regard, et de venir t'asseoir auprès de moi. Je ne serai plus alors la fleur qui te fait vivre, mais plutôt cet opium qui te fait fuir.

« Je suis d'intériorité. Tu seras sollicité et enivré par une multitude de chaînes de télévision, Nintendo, et autres Internet, qui te feront voyager sur tous les continents, sous toutes les latitudes, et même à travers des sites virtuels. Tu m'oublieras peut-être, moi qui ne suis que dans ta propre cour, et qui t'invite à voyager à l'intérieur de toi.

« Je suis de vie. Je suis là pour que tu aies la vie, et que tu l'aies en abondance. Le jour où je t'aurai convaincu par mes seules beauté, gratuité et précarité, d'être pour toi-même un poinsettia ; le jour où je vous aurai entraînés à m'ensemencer dans tous vos jardins, et à être les uns pour les autres des poinsettias ; le jour où je vous aurai persuadés de me faire éclore dans tous les canons des fusils ; alors j'aurai servi les Seigneurs de l'Histoire... d'une Histoire libératrice, marquée du sceau de la solidarité et de la fraternité. »

Table des matières